四特 教育系列丛书　SITE JIAOYUXILIECONGSHU

U0733117

行为文化活动组织策划

萧 枫　姜忠喆◎主编

特约主编：　庄文中　　龚　玲

主　　编：　萧　枫　　姜忠喆

编　　委：　孟迎红　　郑晶华　　李　菁　　王晶晶　　金　燕

　　　　　　刘立伟　　李大宇　　赵志艳　　王　冲

　　　　　　王锦华　　王淑萍　　朱丽娟　　刘　爽

　　　　　　陈元慧　　王　平　　张丽红　　张　锐

　　　　　　侯秋燕　　齐淑华　　韩俊范　　冯健男

　　　　　　张顺利　　吴　姗　　穆洪泽

　　　　　　左玉河　　李书源　　李长胜　　温　超

　　　　　　范淑清　　任　伟　　张寄忠　　高亚南

　　　　　　王钱理　　李　彤

"四特"
教育系列丛书

吉林出版集团有限责任公司

图书在版编目（CIP）数据

行为文化活动组织策划／《"四特"教育系列丛书》编委
会编著 . －－长春：吉林出版集团有限责任公司，2012.4
（"四特"教育系列丛书／庄文中等主编 . 学校文
化建设与文娱活动策划组织）
ISBN 978-7-5463-8602-7

Ⅰ . ①行 … Ⅱ . ①四 … Ⅲ . ①文化活动－青年读物②
文化活动－少年读物 Ⅳ . ①G247-49

中国版本图书馆 CIP 数据核字（2012）第 042808 号

行为文化活动组织策划

出　版　人	孙建军	
责任编辑	孟迎红	
责任校对	赵　霞	
开　　本	690mm×960mm 1/16	
字　　数	250 千字	
印　　张	13	
版　　次	2012 年 4 月第 1 版	
印　　次	2018 年 2 月第 1 版第 2 次印刷	
出　　版	吉林出版集团有限责任公司	
发　　行	吉林音像出版社	
	吉林北方卡通漫画有限责任公司	
地　　址	长春市泰来街 1825 号	
	邮　编：130062	
电　　话	总编办：0431-86012906	
	发行科：0431-86012770	
印　　刷	北京龙跃印务有限公司	

ISBN 978-7-5463-8602-7　　　　　　　定价：39.80 元

前　言

　　学校教育是个人一生中所受教育最重要组成部分,个人在学校里接受计划性的指导,系统地学习文化知识、社会规范、道德准则和价值观念。学校教育从某种意义上讲,决定着个人社会化的水平和性质,是个体社会化的重要基地。知识经济时代要求社会尊师重教,学校教育越来越受重视,在社会中起着举足轻重的作用。

　　"四特教育系列丛书"以"特定对象、特别对待、特殊方法、特例分析"为宗旨,立足学校教育与管理,理论结合实践,集多位教育界专家、学者以及一线校长、老师们的教育成果与经验于一体,围绕困扰学校、领导、教师、学生的教育难题,集思广益,多方借鉴,力求全面彻底解决。

　　本辑为"四特教育系列丛书"之《学校文化建设与文娱活动策划组织》。

　　校园文化是学校本身形成和发展的物质文化和精神文化的总和。由于学校是教育人、培养人的社区,因而校园文化一般取其精神文化之含义。即学校共同成员在学校发展过程中,逐步形成的包括学校最高目标、价值观、校风、传统习惯、行为规范和规章制度在内的精神总和。

　　良好的校园文化环境是学生积极参与和悉心建设的结晶,也是实现素质教育、造就优秀人才的一个不可或缺的重要条件。因此,加强学校文化阵地的建设与组织活动策划是一项非常系统性的工程。学校文化阵地建设是学校文化的重要窗口,学校文化组织的策划则是学校实施素质教育和精神文明建设的重要组成部分,这两样都是学生成长成才的内在需要,更是推进学校教育工作的重要载体。

　　文化娱乐活动是文化体育娱乐活动的简称,其娱乐性、趣味性、知识性和多元化结合的特点是广大读者学习之外追求的一种健康生活情趣。

　　学校的文化娱乐活动项目包括音乐、美术、舞蹈、文学、语言、曲艺、戏剧、表演、游艺等多方面内容,广大青少年同学在课余时间通过参加多种形式的文化娱乐活动,能够达到开阔视野、陶冶情操、增长才智、提高能力、沟通人际、适应社会以及改善知识结构,掌握实用技能等效果。在这些文化娱乐活动中,他们通过接受不同形式、不同内容的有益教育,能够受到潜移默化的作用,从而达到提高思想、文化和身体的综合素质,这对造就和培养有理想、有道德、有纪律、有文化、适应时代腾飞的新一代人才有着十分重要的作用。

　　为了适应青少年发展的需要,营造良好的校园文化环境,为校园文化娱乐活动的组织策划提供良好的指导,我们特地编辑了这套书从学校的实际情况出发,以育人为根本目标,坚持先进文化的方向,从音乐、绘画、表演、游艺等方面重点对学生的基础知识和操作能力进行训练,努力使他们在娱乐中学到知识,在欢笑中陶冶情趣,并通过系统的训练和比赛,使他们的智力得到开发、知识结构得到改善,最终达到新课标要求的培养高素质的合格人才的目标。

　　本辑共20分册,具体内容如下:

　　1.《学校文化建设与管理创新》

　　校园文化重在建设,它包括物质文化建设、精神文化建设和制度文化建设,这三个方面建设的全面、协调的发展,将为学校树立起完整的文化形象。加强学校文化阵地的建设与组织活动策划是一项非常系统性的工程。本书对学校文化建设的组织管理与创新策划进行了系统而深入的阐述，体例科学，内容全面，具有很强的系统性、实用性、实践性和指导性。

2.《把图书馆打造成传播知识的圣地》

加强学校图书馆建设，对激发学生学习的积极性以及提高学生的整体素质有着重要的作用与意义。本书对学校图书馆的建设与管理进行了系统而深入的阐述，体例科学，内容全面，具有很强的系统性、实用性、实践性和指导性。

3.《环境与安全文化建设》

校园安全文化是校园文化的重要组成部分，学校安全文化建设水平的高低已成为学校核心竞争力的基本内容之一。所谓校园安全文化是指将学校安全理念和安全价值观表现在决策和管理者的态度及行为中，落实在学校的管理制度中，将安全管理融入学校整个管理的实践中，将安全法规、制度落实在决策者、管理者和师生的行为方式中，将安全标准落实在教育教学过程中，由此构成一个良好的安全建设氛围，通过安全文化建设，影响学校各级管理人员和师生的安全自觉性，以文化的力量保障学校财产安全和师生人身安全。学校安全文化有四个层次。即：安全观念文化、安全行为文化、安全制度文化和安全物质文化。它们相互作用，相互促进。

4.《把学校建设成传播文化的阵地》

作为中国特色社会主义文化阵地重要组成部分的学校，在中华文化面临挑战和发展的机遇之际，应该承担时代赋予的使命，通过教育创新，传承文明，创造先进文化，培养和谐发展的高素质创新人才来促进社会的发展，实现中华民族的伟大复兴。本书对学校文化阵地的建设与管理进行了系统而深入的阐述，体例科学，内容全面，具有很强的系统性、实用性、实践性和指导性。

5.《知识类活动组织策划》

文化知识类活动课是一门全新的课程，就其根本意义来说是为了提高学生的素质，而要做到这一点，必须对文化知识类活动课加强有效的科学的管理。尽管各科活动课教学目标是有弹性、较为宽泛的，但总的教育目标应十分明确，那就是有利于学生主体精神的体现；有利于对学生的分析问题和解决问题的能力培养；有利于活动成功学生的自我认识；有利于学生个性的发展，管理工作不能偏离这一目标。本书对学校知识类活动的组织策划进行了系统而深入的阐述，体例科学，内容全面，具有很强的系统性、实用性、实践性和指导性。

6.《科普活动组织策划》

科技教育是拓展学生知识面的重要平台，是培养学生自主创新的首要手段，在学生成长过程中已显现出越来越大的不可替代的作用，而学校重视科技教育，则可以让学校的重视学生全面发展的教师和学生在校园里都能有自己的发展空间。如果能够切实的从以上各个环节落实科学实践活动的开展，就可以在全校掀起一股学科学、做科学、用科学的热潮，使学生科学素养得到普遍提高，在落实了普及科学的目标的同时也提升了学校科学教育的质量。本书对学校科普活动的组织策划进行了系统而深入的阐述，体例科学，内容全面，具有很强的系统性、实用性、实践性和指导性。

7.《收藏活动组织策划》

中国文化艺术几千年源远流长的历史，也凝聚着文艺收藏的风云沧桑。社会文明的整体进步，在促进文艺创作繁荣的同时，也推动文艺收藏的蓬勃发展。收藏可以陶冶情操、修身养性，它要求收藏者具备理性的经济头脑的同时，还要有很好的艺术的修养。收藏者在收藏的过程中，潜移默化地将自己培养成理性和感性结合得相当和谐的现代人。本书对学校收藏活动的组织策划进行了系统而深入的阐述,体例科学,内容全面,具有很强的系统性、实用性、实践性和指导性。

8.《联欢庆祝活动组织策划》

联欢活动是指单位内部或单位之间组织的联谊性质的文娱活动。通常是为了共同庆贺某一重大事件,或者在某一节日、某一重大活动完毕之后举行。联欢活动一般以聚会的形式进行,所以又称联欢晚会。本书对学校联欢活动的组织策划进行了系统而深入的阐述,体例科学,内容全面,具有很强的系统性、实用性、实践性和指导性。

9.《行为文化活动组织策划》

行为文化是指人们在生活、工作之中所贡献的、有价值的,促进文明、文化以及人类社会发展的经验及创造性活动。本书对学校行为文化活动的组织策划进行了系统而深入的阐述,体例科学,内容全面,具有很强的系统性、实用性、实践性和指导性。

10.《文娱演出活动组织策划》

演出是指演出单位或个人在特定的时间特定的环境下所举办的文艺表演活动。由于演出经过长期的发展与各地的差异,目前主要包括电影展演、音乐剧、实景演出、演唱会、音乐会、话剧、歌舞剧、戏曲、综艺、魔术、马戏、舞蹈、民间戏剧、民俗文化等种类。本书对学校娱乐体育活动的组织策划进行了系统而深入的阐述,体例科学,内容全面,具有很强的系统性、实用性、实践性和指导性。

11.《音乐项目活动组织策划》

音乐是一种抒发感情、寄托感情的艺术,它以生动活泼的感性形式,表现高尚的审美理想,审美观念和审美情趣。音乐在给人以美的享受的同时,能提高人的审美能力,净化人们的灵魂,陶冶情操,提高审美情趣,树立崇高的理想。本书对学校音乐项目活动的组织策划进行了系统而深入的阐述,体例科学,内容全面,具有很强的系统性、实用性、实践性和指导性。

12.《美术项目活动组织策划》

美术作为美育的主要手段的途径,它的主要任务不仅仅是传授美术知识,也不仅仅是美术技能的训练,而是通过学生内心达到审美状态,良好心理得到培养和发展,不良心理受到疗治和矫正,使各种心理功能趋于和谐,各种潜能协调发展,最后达到提高人的生存价值,体验与实现美好人生的目的。本书对学校美术项目活动的组织策划进行了系统而深入的阐述,体例科学,内容全面,具有很强的系统性、实用性、实践性和指导性。

13.《舞蹈项目活动组织策划》

舞蹈能够促进少年儿童的生长发育,改善少年儿童的形体,带来艺术气质和形体美,有利于提高少年儿童的生理机能,提高少年儿童的身体素质,促进少年儿童的心理健康发展,还能够培养少年儿童的人格魅力。本书对学校舞蹈项目活动的组织策划进行了系统而深入的阐述,体例科学,内容全面,具有很强的系统性、实用性、实践性和指导性。

14.《器乐项目活动组织策划》

贝多芬曾说:"音乐能使人类的精神爆发出火花。音乐比一切智慧、哲学有更高的启示。"作为素质教育的民乐教学,更突出将学生的全面发展放在首要的地位,使之形成具有显著办校特色的办学指导思想,为学校的全面发展做出了贡献,取得了满意的效果。本书对学校器乐项目活动的组织策划进行了系统而深入的阐述,体例科学,内容全面,具有很强的系统性、实用性、实践性和指导性。

15.《语言项目活动组织策划》

加强学校文化阵地的建设与组织活动策划是一项非常系统性的工程。学校文化阵地建设是学校文化的重要窗口,学校文化组织的策划则是学校实施素质教育和精神文明建设的重要组成部分。本书对学校语言项目活动的组织策划进行了系统而深入的阐述,体例科学,内容全面,具有很强的系统性、实用性、实践性和指导性。

16.《曲艺项目活动组织策划》

曲艺是中华民族各种"说唱艺术"的统称,它是由民间口头文学和歌唱艺术经过长期发展演变形成的一种独特的艺术形式。曲艺演员必须具备坚实的说功、唱功、做功和高超的摹仿力,演员只有具备了这些技巧,才能将人物形象刻划得维妙维肖,使事件的叙述引人入胜,从而博得听众的欣赏。本书对学校曲艺项目活动的组织策划进行了系统而深入的阐述,体例科学,内容全面,具有很强的系统性、实用性、实践性和指导性。

17.《戏剧项目活动组织策划》

戏剧的表演形式多种多样,常见的包括话剧、歌剧、舞剧、音乐剧、木偶戏等,是由演员扮演角色在舞台上当众表演故事情节的一种综合艺术。戏剧情节、歌唱和舞蹈这三者的复杂结合,使中国戏曲具有独特的风格和一系列艺术上的特点。本书对学校戏剧项目活动的组织策划进行了系统而深入的阐述,体例科学,内容全面,具有很强的系统性、实用性、实践性和指导性。

18.《表演项目活动组织策划》

表演指演奏乐曲、上演剧本、朗诵诗词等直接或者借助技术设备以声音、表情、动作公开再现作品。加强学校文化阵地的建设与组织活动策划是一项非常系统性的工程。本书对学校表演项目活动的组织策划进行了系统而深入的阐述,体例科学,内容全面,具有很强的系统性、实用性、实践性和指导性。

19.《棋牌项目活动组织策划》

棋牌是对棋类和牌类娱乐项目的总称,包括中国象棋、围棋、国际象棋、蒙古象棋、五子棋、跳棋、国际跳棋(已列入首届世界智力运动会项目)、军棋、桥牌、扑克、麻将等等诸多传统或新兴娱乐项目。棋牌是十分有趣味的娱乐活动,但不可过度沉迷于其中。本书对学校棋牌项目活动的组织策划进行了系统而深入的阐述,体例科学,内容全面,具有很强的系统性、实用性、实践性和指导性。

20.《游艺项目活动组织策划》

游艺是一种闲暇适意的生活调剂。其中既有节令性游乐活动,也有充满竞技色彩的对抗性活动,更多的则是不受时间、地点、条件制约的随意方便的自娱自乐活动。其中有的继承性极强,规则较严格;有的则是无拘无束的即兴自娱;有的干脆是一种与生产紧密结合的小型采集和捕捉活动。这些丰富多彩的民间游艺活动使得广大劳动人民特别是青少年无论在精神生活、智力开发还是身体素质诸方面得到有益的充实和锻炼,也成为最普及的农村文化活动形式。本书对学校游艺项目活动的组织策划进行了系统而深入的阐述,体例科学,内容全面,具有很强的系统性、实用性、实践性和指导性。

由于时间、经验的关系,本书在编写等方面,必定存在不足和错误之处,衷心希望各界读者、一线教师及教育界人士批评指正。

编者

目　录

第一章

学校行为文化的建设

1. 行为文化是提高教育的有效途径

管理作为一门人文科学，在许多书籍中涉及的大多为对人、财、物以及事件的调控和最优化的处理等基本规律和一般方法。其实管理也是一种人文文化，有其思想和理念的一面，特别是学校管理，其管理本身就体现了文化性，先进的管理就是一种先进的管理文化，正因为如此，学校文化的传承和重建需要先进的教育理念和文化管理来支撑。但是，文化的内涵非常广泛而且有复杂的交叉，可谓包罗万象，莫衷一是，在这个前提下，我们选择将文化管理的内涵和重心指向了"行为文化"。原因很简单，学校所有的文化都是由人和人的行为来构建的，学校所有的人和行为都在构建学校的文化。从某种意义上说，学校"行为文化"涵盖了学校工作的方方面面，抑或说学校的各种文化最终都是通过行为体现出来的，它的生成与重建必将给学校带来新生机、新气象。

管理科学告诉我们，能够影响到组织具体行为的信念可能更需要变革。这些信念的形成因素有很多，比如说人们所接受的培训、他们个人的经历、他们对公司未来的理解以及他们对领导者言行的观察，等等。只有当这些因素发生变化，从而使人们相信自己以前的观察和观点是错误的时候，他们的行为才会发生真正的变化。如果一个组织中的人们相信自己所处的是积极向上、前途光明的团队时，他们就会投入更多的时间和精力来谋求在这个行业中的发展。自趋力立足于员工的自觉和自我实现等心理需要，使员工渴求不断地完善自己，将自身的潜能发挥出来。在这个过程中，员工会热情主动地投入任务的完成中，甚至不计报酬地寻求创造性解决方案。如果他们相信许多在工作上做出了业绩的同仁会得到赏识和奖励时，他们就会以更大的热情做出更大的成绩，反之亦然。

为谋求学校事业的发展，学校应积极借鉴在企业管理中被有效运用的行为科学原理和行为教育学理论假设，用行为科学的理论在干部队伍建设、青年教师培养、课程设置和改革、学生教育等方面进行尝试，以推进学校文化进步和学校的事业发展。

实践证明，积极向上的学校文化将极大地增强教育能量，一所校容美、校风好、质量高、声誉佳的学校本身就是一种强大的教育力量。师生置身其间，在长期的熏陶感染中，行为得到规范，心灵受到陶冶，素质不断提高，相互之间就会产生正强化。学校行为文化作为学校文化的一个方面，一旦形成，师生就会在潜移默化的氛围中接受共同的价值观念，形成一股信念力量向着既定的目标方向努力。当具有特定文化内涵的学校形象被师生认同后，就会以微妙的方式来沟通人们的思想，产生对目标的认同感，从而凝聚成一股强大的力量，团结全体师生员工，规范师生的行为，产生巨大的整体合力，进而推动学校事业朝着共同的愿景发展。

思考并不能使我们形成一种新的实践方式，而具体的实践却可以帮助我们形成一种新的思维方式。理念一旦转变为实际行动，理念就直接表现成了行为，而行为又会导致具体的结果。从这一角度来说，行为又可以被看成是思想与实际的具体连接点。据此，我们所提的学校行为文化建设是指运用行为科学的原理来指导学校管理文化建设的过程。因而学校行为文化是指学校在物质文化生活和精神文化生活的实践过程中所体现出来的文化行为方式，是运用行为科学的有关科学理论包括管理机制的建设、学校办学规范、师生行为规范、课程实施与建设、资源开发与整合、教育教学、教育科研、校园管理的运行实

施，从而有效改变师生生命状态。从某种意义上说，"学校行为文化"是涵盖了学校工作的方方面面的一种文化行为。学校行为文化建设，是致力于研究提高其效率的途径和方法，并内化为师生的理念信仰和行为准则，达到文化层面的沉淀的过程。

生命化教育的理念告诉我们，作为学校和教育工作者，应当将教育上升到生命的高度，让教育充满生命情怀，用教育不断润泽师生生命。这也许应该是教育的最高境界。由此，我们加入了张文质的生命化教育团队，明确了以生命化教育统领"学校行为文化"建设的思路。这一理念也源于张文质先生的生命化教育思想。先生六次亲临二甲中学，每次带来的东西都不一样：形式不一样，内容不一样。老师们的收获也不一样。另一个就是先生的著作，每一个认真读过的人都有各自欣喜的发现。就这样，生命化教育的思想走进了老师们的心中，走进了学校的课堂。广大老师开始把"让每一个生命都绽放他应有的光彩"作为自己教育教学的基本准则！学校的行为文化建设就是围绕着每一个学生、每一个教师、每一个领导的生命成长而展开的。

学校的行为文化建设，概括起来讲，是"在生命化教育思想引领下的学校行为文化建设"，其内涵可以理解为：确立适应师生生命成长的教育理念，搭建丰富师生生命内涵的教育平台。行为文化建设，就是要用理念点亮师生心灵之灯，给教师一个诗意的栖居，拥有幸福愉悦的精神生活；要用理念给师生一对进取的翅膀，树立干一番事业、成就一片声誉的雄心壮志；要用理念给学校酝酿一种大气，有气则有魂，有魂则心往一处走、劲往一处使、同心同德、益然而立。

2. 校长行为在学校发展中的作用

伟大的教育家陶行知先生说过，"校长是一个学校的灵魂，要想评论一个学校，先要评论它的校长"。

由此观之，创办好学校的思想既已确定，校长的个人行为品质便成了极其关键的问题，直接影响到学校发展。学校管理是校长及领导集体最重要的任务，在这个过程中，并不能靠一个人的能力去实现，需要一个坚强的集体，但团队的形成，要由校长去实现。战略规划的成果需要通过学校领导人传达给学校的每一位教职员工，因为他们是战略执行的细胞。战略规划在学校内部传达的过程中，要得到学校教职员工的认可和追随，学校领导者的热情和感染力是非常重要的。

校长的行为能增强班子凝聚力

校长的行为与班子凝聚力的关系可克服不良行为，增强班子凝聚力。学校的发展，领导集体起着至关重要的作用，作为校长如何使学校的领导班子紧密的团结在一起，直接影响到学校的工作能否正常有序的开展，管理是否有效的进行。那么，作为校长一定要能够增强班子凝聚力。

（1）从哲学角度看，校长的行为与班子凝聚力是辩证统一的关系，二者互为影响，相互制约。

校长的行为对班子凝聚力起决定作用，决定着凝聚力的强弱大小。校长正确的行为可以增强班子凝聚力，使班子成员更加团结，并创造出优良的工作业绩；校长不良的行为则会削弱班子凝聚力，导致不团结，产生内耗，使工作蒙受损失。同时，班子凝聚力对校长的行为也有一定的反作用。强大的班子凝聚力会抵制、削弱和矫正校长的不良行为，并对其提出更高的标准和要求，促使校长提高领导水平，改进工作方法，搞好自我完善，以适应班子凝聚力的要求。反之则有两种情况：一种是如果校长是负责任的，那么，他就会通过自己正确的行为逐步改善班子成员之间的关系，从而增强班子的凝聚力；另一种，如果校长不负责任，那么，他的不良领导行为就会逐渐暴露出来，使班子凝聚力进一步弱化。

（2）校长要学会控制和克服工作中不良领导行为，从而增强班子的凝聚力。主要应注意做到以几点：

①是强化"公仆"意识，树立服务思想。小平同志曾指出：领导就是服务。在领导班子内，班子成员的目标是一致的，都是为了完成班子的工作任务，都是为了把各项工作搞上去。作为校长要为班子服务，为班子成员服务，为增强班子凝聚力服务。所以，校长要强化"公仆"意识，牢固树立服务思想，自觉地把自己置于"公仆"位置，尽心尽力服务，尽职尽责工作。

②是强化"组合"意识，树立人才思想。在所有的资源中，人力资源是最为宝贵的。人力资源一经优化组合，就能如核裂变一样产生巨大的能量，创造出最优化的绩效，所以，校长要有"组合"意识，尊重人才，重视人才。要根据每位员工的才能，做到人尽其用，哪怕是只有一技之长，也要通过"组合"的形式，使其发挥优势，产生最佳效益。这样的班子才能创造出优良工作业绩，班子凝聚力才能得到加强。

③是强化"群体"意识，树立民主思想。任何工作都不是靠一个人干的，成绩也不是靠一个人能取得的。任务的完成，要靠班子成员和全体教职工的共同努力才能实现。因此，校长必须强化"群体"意识，树立民主思想，注重发挥群体的作用。如果校长一味地坚持自己

的观点，听不进不同意见，大搞一言堂，个人说了算，那么班子凝聚力就只会削弱，不会增强，这样的校长必然要被改革的大潮所淘汰。

校长的行为对学校发展的影响

学校的发展，以校长为首的领导集体是最重要的力量，这股力量的强弱，决定学校的发展方向。

（1）领导是学校计划执行的组织者。

学校发展计划的制订，是一个描绘学校蓝图的过程。学校计划能否实现，在学校计划的实施过程中，校长的行为起着至关重要的作用。因为再好的计划，也要依靠学校领导者的力量去执行，去组织实施。特别是以校长为中心的学校领导团队的素质和能力对计划实施起着决定作用。学校成功与否不仅取决于学校的设施配备和教师队伍，而且更多地取决于学校领导的能力及其发挥程度。学校领导团队只有在观念上形成"执行"的共识，才能克服计划执行中的困难和行动的阻力，扭转计划执行的不利局面。

（2）领导者的行为是学校文化塑造的首要力量。

学校文化是学校内部人员的共同信念与行为。一个成功的学校，不但要有非常科学的管理制度，也需要一种先进的学校文化。学校文化落后比质量落后更可怕。学校文化是学校行为规范的内在约束，是实现学校计划的重要思想基础，是学校活力的内在源泉，也可以说是学校的灵魂。

学校领导者的行为最终将成为整个组织的行为，因此从某种意义上说，学校文化可以说就是学校领导人的文化，即学校校长长期形成的一种做事习惯。学校文化是以学校领导者为同心圆的圆心，向外一圈圈地扩散，笼罩到每一个教职工，让这些人都或多或少拥有和他同样的价值观。在学校文化建设过程中，要将学校领导者的理念系统化、科学化、制度化，形成一个可供始终如一操作的观念。在塑造学校文化的诸多力量中，校长的行为是排第一位的。学校领导者的行为传达出他们的信念、价值观和内心对学校所处环境的认识。领导者行为对教职员工产生的影响远远大于学校的各种制度和文件。

管理是一门科学，但如果没有管理者良好的行为做基础，它将难以得到飞跃。因此，克服自身不足，不但是做人的要求，也是成为优秀校长的必备条件。

3. 校长在行为文化建设中的作用

学校行为文化，是学校文化的一个重要组成部分，是学校传统及观念的认同在师生员工言行举止上的具体可感的表现，是学校行为规范、人际关系、公共关系的综合反映。学校本就是传播文化的场所，学校办学实际上就是办文化。校长对学校的领导，主要体现为对学校文化的领导。一所学校的行为文化建设，映射着一个校长的眼界、心胸、素养和行为。

校长的眼界决定着学校的发展高度

学校管理，说到底是对学校办学理念、教育思想的管理，而学校的办学理念、教育思想的厘清和确立，则取决于校长的眼界。可以这么说，校长的眼界、思路不仅在一定意义上决定着学校发展的出路和发展空间，而且会决定教师的眼界。校长的眼界有多高，思路有多阔，学校的出路就会有多远，发展的空间也就会有多大，校长的目光有多远，教师的行走就有可能会多远。蔡元培校长在北大所主张的"兼容包并"的办学理念，引领北大在辉煌的道路上行走了一百多年，这就是校长眼界决定学校发展的明证。一校之长，要摆脱行政化、官僚化的倾向，要有执著的教育追求，真正的定下心来，成为一个教育家，用教育家的眼界来办学。

作为学校行为文化建设的设计者和引领者的校长，我们既要明白学校行为文化建设的"功夫在诗外"，更要明白"功夫在诗内"。一个校长，不仅要用社会活动家的眼界，努力协调好校外方方面面的关系，为学校的发展服务；更要用教育家的眼界，全身心的调动整合学校每个部门，每一个人的力量，共同将学校内部的工作做好。一校之长，只有把充分挖掘内部力量和广泛借助外部力量结合起来，才能实现办学力量的无穷化和办学效益的最大化，才能使自己带领的学校形成它特有的校园文化。

孔子说："君子求诸己，小人求诸人。"校长要成为教育专家，你就要有求己的意识，因为求人是靠不住的，靠不住的原因是，每个人都是特有的个人，适合他的，可不一定适合你。求己的关键在不断增强自己的学习力、思考力。学，然后知不足；思，然后厘不清。在信息、资讯高度发达的今天，作为学校管理者的校长，如果没有一定的学习力和思考力，你就会成为井底之蛙、摸象的盲人。你一旦成了井底之蛙、摸象的盲人，你就难免故步自封，以偏盖全，或者人云亦云，你的决策就会不切实际。你要想使你带领的学校走在兄弟学校的前面，你就得不断的学习，认真的思考。学习，可以开阔你的眼界；思考，能够丰富你的思路。眼界开阔了，思路丰富了，你的决策就可能科学了。科学的决策，会使你的工作事半而功倍。

在素质教育呼声日高的今天，更需要校长宽广的眼界。校长眼界宽广了，你才可能正确的把握教育形势，准确理解教育的价值，认真的探寻教育教学的规律，科学的领会新课程改革的精神。"不谋全局者，不足以谋一域"。学校行为文化作为学校文化建设系统工程的一个子系统，需要校长在把握了教育的形势，理解了教育的价值，掌握

了教育教学的规律，领会了新课程改革的精神的基础上，为学校准确定位，科学决策。有了准确的定位，科学的决策，你所带领的学校师生员工就有可能在你和你所在的学校领导群体的带领下咬定目标奋勇前行。

校长的胸襟影响着师生的和谐进程

国学大师季羡林先生有这样一个为人熟知的故事：季羡林先生平时打扮得非常朴素即便是任北大副校长也是如此。有一次新生报到，学生看到他，还以为是学校的工人，就让他帮自己看行李，结果他等了那个新生一个多小时。在第二天开学典礼大会上，这个新生看到昨天那个帮他看行李的"工人"也在主席台上，感到非常的惊奇，问了旁边的同学，才知道这个"老师傅"就是中国著名的东方学专家，北京大学的副校长季羡林教授。

季羡林先生用他的行动告诉我们，校长要有海纳百川的胸襟。海纳百川，因为它处于下位。人也一样，当人自觉地处于下位他就不会过高的估计自己，就不会盛气凌人，也就不会看不起别人，当你自觉地将自己处于下位时，你才会有广阔胸怀去容人所不能容。校长不是行政官员，校长是教育专家，专家所以成为专家，就在于他们时刻将自己摆在下位，没有架子，不以善小而不为。

作为校长，我们必须认识到，校长只是一种职业，而不是什么职位，校长还应该是一个专业，有它专门的学问。如果我们视校长为职位，我们就有可能脱离师生，脱离实际。而当我们将校长视为职业和专业的话，我们就可能以平常人的身份与师生对话，静下心来倾听他们的声音，努力从他们身上汲取"养料"。良药苦口利于病，忠言逆耳利于行。善于倾听是校长管理学校的一种策略，多倾听同行、同事，尤其是管理对象的声音，不仅可以及时纠正我们工作中存在的问题，利于更好地决策，更可以提升我们的个性修养，因为不同的声音（尤其是对你带有偏见的声音），不见得没有道理。我们听进去了、思考了、吸纳了，我们就会在我们的工作中纠正失误、矫正方向、轻松前行。善于倾听，是一种境界，一种艺术，更是一种智慧。它需要的是大海一样的宽容的胸怀。校长心胸宽广，和谐学校的氛围就容易形成。

学校的管理，许多情况下是对人的管理，用人的问题最能反映校长的胸襟。关于用人，还是《晏子春秋》说得好："任人之长，不强其短；任人之工，不强其拙。"因为人无完人，不可苛求。另一方面，校长在用人的问题上要有"小人求诸人"的意识。当我们意识到自己是"小人"和"矮人"的时候，我们才能发现其他人都是"君子"和"高人"。视自己为"小人"和"矮人"的校长，就会见人之长，谅容人之短，宽人之过。一个胸襟开阔的校长，更要有自知之明，敢于正视自己的不足，看到了自己的不足，才会寻人之长，念人之功，扬人之德，甘当人梯。如果我们能从各个角度，各个层面来评价人，我们就可以发现每个人都是人才。没有不好，只有不同，校长手里多一把尺子，就会多一批人才，校长手里的人才多了，学校的管理中的矛盾就会化解，就会减少。这一多一少，换来的就是融洽的人际关系，人际关系融洽了，管理就会更轻松、更全面、更有效。

校长代表政府管理学校，集人、财、物于一身，在学校这个小天地里，处理不好，校长就会拥有绝对的权力。权力过于集中，私欲就有可能膨胀，私欲的膨胀，会使校长把学校变成自己的家天下。没有一定的胸襟，校长这个职务，就可能成为葬送自己的工具。做校长的，一定要记住：心底无私，天地宽。不谋私利，不为名利，不计得失，不贪便宜。在日常生活中要慎独、慎微，管住自己的心，管住自己的手，管住自己的嘴，管住自己的腿，时刻注意自重、自省、自警、自励，始终保持一个教育工作者的良好形象。当你在荣誉和金钱面前想到的是教工的时候，那么，教工们就会想到同事，当教职工人人都能

为他人的荣誉和利益着想了，那么，我们的学校离和谐的目标也就不远了。

校长的胸襟宽广了，班子就会团结，班子团结了，干群就一心，干群一心了，师生就融洽，师生融洽了，学校就和谐，学校和谐了，事业就会兴旺起来。

校长的素养关系着学校的文化积淀

关于校长的素养对学校文化积淀的影响，我们不妨看看著名教育学者张文质先生的一个基本观点：好教师就是一个好范本。苏霍姆林斯基也曾说过，如果一个人没遇到好老师的话，他就可能是一个潜在的罪犯，如果一个人能够遇到一个好老师，他再坏也不会坏到哪里去。如此看来，说一个校长是一所学校师生的范本就不为过了。校长的素养是一种综合的素养，它既包含着作为人的基本的政治素质、道德品质、专业能力，也包含着人文知识构建起的文化程度、行政管理经验积淀成的文化因素。这便是校长区别于其他单位的领导者的特质，因为他既是管理者，更是教育专家。作为管理者兼专家的校长，其道德素养和专业素养对学校的文化建设有着不可估量的濡染力量。

学校行为文化作为学校文化的一个方面，是一所学校历史文化积淀在一定阶段的显露，而作为学校文化"动态"的部分又是需要维护和可以塑造的。在学校行为文化建设中，校长不仅是设计者、指导者，更是塑造者、维护者和推进者。校长对学校事业影响力最大的因素是作为校长特有的人文知识构建起的文化程度，行政管理经验积淀成的文化因素。因为校长的行政管理经验尤其是文化素养程度决定着校园文化建设的力度。校长本人的文化素养所产生的对于学校行为文化的认识与评价会不知不觉的演变成学校行为文化建设的标准和模式。当校园行为文化建设处于进取状态时，学校事业的发展不仅强劲而且具

有可持续发展的理念。可以这样说，校长的文化素养，不仅影响着校园行为文化建设在学校整体工作中的地位，而且直接影响校园文化建设中的运作力度。

校长的文化素养深厚，眼界就开阔，思想就灵活，校长就可以宏观地设计学校行为文化建设的思路，校长的专业知识积累所形成的文化素养的特点，决定了在校园行为文化建设中相关专业知识提升起的特有的文化内容，校长的文化品位在校园行为文化建设中占据突出的地位，因为校长在文化方面的兴趣爱好，决定着校园行为文化建设的具体方向。如果校长缺少或没有因文化素养而形成的动态变化，不断生成的思维，他就只能沿着学校固有的模式重复前人的经验，或干脆让其自生自灭。当我们具备了较高的文化修养，以及与这种修养相一致的文化眼界时，我们就可能打破固步自封的狭隘，超越个体经验的局限，不断地从相关的事物中寻找参照物，看到自己的不足，探寻改进的办法和出路。当学校在校长的带领下，不断地改进和完善自己的行为方式时，这所学校特有的文化就有可能慢慢的积淀和传承下去。

校长的践行改变着师生的行走方式

校长应当是一个思想者，要在自己的办学过程中形成自己的教育思想，提出自己个性化的办学理念。但校长更应当成为一个有思想的践行者，而不仅仅只是一个思想者。

前苏联著名教育家苏霍姆林斯基在做校长期间，每天早晨八点整到学校走廊去迎接上学的孩子们，整个白天都用来做班主任工作、上课或听课，晚上则忙于整理笔记。在他当校长的30年间，他致力于跟踪观察和研究不同家庭的学生在童年、少年和青年期的各种表现，对3700名左右的学生做了观察记录，始终亲自带着四五个最难教育的学生，重点观察和教育。每天听教师的一节课，关注一名困难学生，观察、记录一次学生的言行，捡起地上的废纸，换下坏灯泡，拧紧螺丝钉。苏霍姆林斯基正是通过这些具体实践成就了一番事业，影响了世界教育。

作为校长，我们的每一点思考，每一步设计，每一个行动都要能为师生所仿效。因此，我们要用我们的思考、设计和行动去影响我们的师生员工，要用全新的理念去影响师生员工的理念，改变他们的行为方式。一所学校，随着年月的前行，自然会形成它特有的文化传统和文化氛围，这种传统和氛围，会不知不觉的影响着学校一代代的教师，一代代的学生。这文化传统和行为方式，有健康进取的，也有颓废落后的。作为校长，我们的一个重要任务就是要引领班子成员、师生员工去甄别，去遴选。在甄别和遴选的基础上，努力张扬那些健康进取的文化，摒弃颓废落后的文化，在张扬和摒弃的同时，形成一定时期的全新而又丰富的校园文化特色，并在这样的文化特色中努力改变自己的行为方式。

作为校长，我们的日常行为，应当力求规范而潇洒，儒雅而灵动，端庄而活泼。我们的管理行为，应当致力于建设与学校发展方向相一致的制度建设行为、与学校的培养目标相适应的课程建设行为、有利于提高师生生命质量的教学组织行为、致力于创设师生和谐发展的人际关系行为、着眼于建设德艺双馨的教师团队的校本培训行为，以及为人师表的示范行为、不倦探索的创新行为等方面躬身践行，为人表率。校长的日常行为、管理行为，必将影响着师生的日常行为、教学行为，进而形成全校上下步调一致，整体联动的行为，以有效的推进学校的各项工作。

如前所述，学校的行为文化，受着学校传统和社区文化的影响。毋庸讳言，传统文化、社区文化对学校行为文化的影响力是巨大的，也是不可估量的。因此，在学校行为文化建设中，我们要充分的认识传统文化和社区文化对学校文化建设既有助力作用，又有阻力作用，只有这样，我们才会意识到校园行为文化建设的艰辛。因为文化建设的特点决定了它不可能是一朝一夕的，更不可能仅仅靠一个理念、一种思想、一次行动就可以见效的。学校行为文化的建设，校长要有耐心，更要有信心。有了耐心和信心，我们才可能在学校行为文化建设中不停的思考，不断的动作，在学校的行为文化建设中成为有力的推进者。

总之，学校的行为文化建设，关键在校长。校长的眼界有多高，学校的行为文化建设就会走多远；校长的心胸有多阔，学校的行为文化建设思路就有多广；校长的素养有多好，学校的行为文化建设就会有美；校长的行为有多灵动，学校的行为文化建设就会有多丰富。校长用心思考并躬身践行了，我们的校园必将是充满文化的，我们的师生员工的行为一定会是魅力四射的，更是充满睿智的。

4. 用理念改变师生的行为方式

和企业管理一样，学校的管理面对"人群"，要提高管理的效益，改善并协调人与人之间的关系，需要激发干部、教师和学生的积极性，需要以人为本。学校本就是传播文化的场所，学校办学实际上就是办文化。恩格斯指出，在一切方法的背后，如果没有一种生机勃勃的精神，到头来不过是一堆笨拙的工具。学校文化正是那种在背后推动学校前进的组织精神。所以，一个具有远见卓识的校长，眼光不能仅仅盯在教育、教学设备的现代化上，不能仅仅盯在方法的选择、规章的制定以及职能的运作上，而应该特别关注学校文化的建设，创造一种推动学校前进的组织精神。学校行为文化作为学校文化的一个方面，是一所学校历史文化积淀在一定阶段的显露，而作为学校文化"动态"的部分又是需要维护和可以塑造的，这些可以通过学校行为文化建设来实现，亦即成功的学校行为文化建设可以有效推动学校事业的发展。

行为文化建设，首先是要转变管理者和教师的理念，进而改变我们的行为方式，再通过我们去改变学生的理念和行为方式，进而影响学生家长乃至社区改变。学校的发展，关键在教师的发展。在实施文化熏陶策略的过程中，校长可以秉承学校的办学宗旨和办学理念，以开放的思路，敞开大门来办学，采用读书感悟、专家培训、外出求学、博客交流等立体式的策略来引领教师的专业发展。为了使教师在专业发展中不断提升人生幸福指数，学校在教师培训上应该不遗余力，创造一切机会促使每一位教师的成长，使每一位教师都能成为有特色的名师。措施之一就是，借助专家的引领，以他们的言传身教开阔了我校教师的眼界，进一步开启教师的智慧，点燃他们的激情。

为开拓管理者和教师们的视野，学校还应该尽可能地将校长、中层干部和骨干教师带到有影响的学校去参观、培训、学习。同时，学校还应努力引进教研活动，如市级的各种评优课、省乃至全国的有关学术活动，让接受培训教师开阔眼界。

如何形成学校的"行为文化"？除了专家的引领和兄弟学校的经验，更重要的是从学校实际出发，形成自己的东西。这就需要学校要有一定的理论武装和战略思考。学校应给领导层发管理学方面的书，给教师发奖励教育理论和实践方面的书，使读书成为教师生活的一部分。

一所学校的办学理念，它的梳理、甄别、传承和发展必然会规定

学校的各种教育教学行为，引领这些行为的发展与完善。

在"生命化教育"理念的引领下，学校应认真梳理学校的校训、办学理念、育人理念、办学追求等，在师生践行中内化。对学校教育的取向进行思考。学校以"行于天地，止于至善"为校训，倡导一种以"卓越"为核心的境界追求，一种对完美境界孜孜追求的崇高精神。办学理念调整为"办有灵气的教育，育有个性的人才"，育人理念提出"用智慧开启智慧，以生命润泽生命"，时刻提醒着学校的每位教师：你应该怎样放飞自己的思想，怎样活跃学校的教育气氛，怎样去培养具有创新意识的现代人才，怎样根据每位学生的具体情况，采取相应的教育教学策略，开发他们的潜能，彰显他们的个性。

5. 用关爱改变师生的行为方式

学校的行为文化建设，最终目标是改变师生的生命状态。它的效果的呈现方式应该是人的各个方面。这当中，我们特别看重的是学生的精神状态、文明举止、行为习惯等，教育是使人成为人，由自然人成为社会人，为人要儒雅，要有深度，要有知识，懂得谦让，懂得尊重，懂得珍惜，懂得关爱，也就是所谓的文化人。

学校最大的管理并非纯粹管理人和事，而是要从符合学生人性的需要、符合学生人格尊严的角度出发，关注学生的生命需求，创设能影响学生行为的生命成长环境。因为环境是可以濡染人的行为的。

活动是理念的载体，活动是生命张扬的舞台，在活动中学生会不断成长，走向成熟。对学生教育的方式，可以搞活动。首先，可以让同学们设计班旗，并对班旗的设计做解释，在这个基础上要求同学们制定班规班训，在开学的时候由班主任向护旗手郑重地授旗，然后开展"我为班旗添光彩"的系列活动。在一学年结束以后，请同学们在班旗上签上自己的名字，并在学校的档案室留存。

还有，学校可以开展"共同记载这一天"、"在故事中成长"活动，使师生对各自生命状态有一个了解、理解以及感动的过程；开展"寝室文化节活动"，使学生的眼界由过去的"卫生"、"纪律"一下子跃升为"文化"的层次；还可以通过读《弟子规》，每天给学生讲一个励志故事，一边跑步一边呼号等活动，激扬起学生生命的浪花；航模、书法、文学等社团活动也紧扣素质教育理念展开，真正起到了为学生生命得以健康、全面、有个性的发展搭建平台，营造舞台的功效。

学校的网络、实验室、运动器材应该是全天候向学生开放的。只有在一个开放的环境中，学生身心才能得以舒张，智慧和人格才有可能健康成长。学校管理，一切措施，都应该从师生生命的发展着眼！网络学习，学生能够开阔视野，了解外面的世界，主动迎接时代的挑战。对待网络，学校不能只是一味地堵，还是要学会疏。同时，充分认识学生生命的存在，营造一个开放的学习和生活环境，要给大家带来更多的惊喜！

行为文化建设，最难的是课堂，如何使学校的课堂成为生命化的课堂，是行为文化建设不可回避的一个现实问题。行为文化建设理念下的课堂教学应当是一种师生的"生命场"。理想的课堂教学是师生生命体相互交流、沟通、启发、补充的过程。在这个过程中生命体彼此分享阅历、积累、心态、情感、观念和价值取向。在这个"生命场"里，蕴含着人的生命素质、生命质量、生命境界等持续不断生成

的能量，这是一个渐进的、多层次的、多维度的、多因素的生命体相互作用和相互推进的、彰显生命光彩的过程。

因此，在课堂上，不但要使学生在"自主、合作、探究"的氛围中习得知识，更要使他们掌握获取知识的技能与方法，为他们全面而个性化发展的人生奠定基础。要分数，更得要能力！本着这一宗旨，学校应该实施以"学教案"为抓手的课堂教学改革。首先考虑学生的学，其次才是教师的教，在考虑学生如何学到、学会的基础上再去考虑教师如何去教，讲究"相机而教"，追求课堂的动态生成。"学教案"安排充分的自学内容，讲究课前的预习与课后的总结和反思。这也正契合了新课改"学为主体，教为主导"的理念。

"学教案"体现的是一种新的课堂观，即充分预设加动态生成的课堂观。课堂教学不只是由教师和学生执行预设的教学计划的活动，更是师生在真实具体的教学情境中通过双方和多方的互动，主动创造和生成教学的过程。"学教案"强调在教学组织中师生的双向互动，要求教师是在当时课堂特定的生态环境下，因势利导，利用生成的动态资源创造性的组织教学活动，把师生生命的即时状态调整到最佳。当然，一种新的课堂教学建构，还需要在实践中不断摸索、不断完善。

"学教案"改革着眼于学生的成长，把教学内容区分为"应该帮助学生达到的学业水平"和"培养学生潜在的学术水平"两个层面，结合"科学预设"与"有效生成"，注重教学的目的性和有效性。旨在摒弃过去的"宁可错杀三千，绝不放过一个"的题海战术，强调的是教师静心研究教材和学生，依靠学生现有水平，在最近发展区多做文章，谋求学生的发展。

在行为文化建设的大背景下，学生的生命得到了极大的舒展，教师的成长也同样令人瞩目。

　　学校的行为文化建设，既能团结全体师生员工，统一师生的价值观念，规范师生的行为，又使学校管理产生了巨大的整体合力，极大地增强学校教育能量和办学自信，推动学校事业的不断发展。

第二章

学校标识文化的建设

1. 学校标识的内涵

标识的含义

标识，指任何带有被设计成文字或图形的视觉展示，以用来传递信息或吸引注意力，综合解决信息传递、识别、辨别和形象传递等功能的整体解决方案。

对于"标识"这个名称的内涵与外延，人们有着不同角度的理解，正确地界定标识的词义，有利于深入展开标识设计课题的讨论。

《辞海》里注："标识，即'标志'"。而在"标志"条目之下有一段引文，摘自《水经注·汶水》："赢县西六十里有季扎尔冢，冢圆，其高可隐也。前有石铭一所，汉末奉高令所立，无所叙述，标志而已。"

我国古代很早就在文献里提到了"标志"，依照《水经注·汶水》中的说法，古代的石碑就起着标志的作用。在《文选·孙绰〈游天台山赋〉》中注："建标，立物以为之表识也。"标识与标志在中国古代是完全等同的，标识即标志。

从客观的现实来看，我国古代虽很早就有城市，但城市的结构是简单的，标识的主要功能在商业上。从字面上看，"标识"与"标志"两个词都有"标"字，"标"是表识，是一种最古老的记忆方法，是记忆的一种符号或记号。但中国古代的造词也不是可以随意的，"标识"与"标志"两个词的后缀不同，在使用上有区别。"志"在古代通"帜"，是一种让人识别的标记，不但可以用一种形式来帮助记忆，也可以张扬自身的形象；而"识"字虽有时同"志"，但首要的意义

在于"知道"、"认识"，是要让人熟悉、记住。"识"字则除了"记住"的意义外，有"认得"、"识别"的进一步要求，更多的是一种沟通。可能在古代"志"与"识"字同音，故有借用之嫌，所以，标识和标志既可以混用，也可以分别其特殊使用场合。标识与标志从本质的意思上差别不大，但在表达的方向上还是存在着不同的意义范围，前者所包括的领域更广泛一些，而标志应该是标识的一部分。

在现代城市中，标识与标志二者能否完全等同起来？虽然很多场合里已经混用了，但是在使用时出现明显不同的意义范围，"标志"这一名词较多地指向一类图形或图形与文字相结合的记号，作为某一类事物的象征；而"标识"既能代表图形类的符号，也用来表述文字、数字、方向标等记号，有着更广泛的使用领域，应该说，标志是标识的一个部分。

标识的作用

学校标识是以学校标志、标准字体、标准色彩为核心展开的完整的视觉传达体系，是学校理念、学校规范等抽象语意的具体符号表现。

学校的标识，是学校形象的标志，是学校的识别系统。学校的标识大致可分为外在标识和内在标识两大类。外在标识主要分为场所标识和符号标识两种。场所标识主要是指学校的各种空间的标示，如功能场所标示、道路名称标示、建筑物名称标示等。符号标识主要包括校名标示、校旗、校徽、校歌等。内在标识主要是指学校的教育理念或办学理念。学校的标识属于学校的形象设计（VI）系统。

学校标识文化分为基本要素系统与应用要素系统两方面。基本要素系统主要包括：学校校徽、标准字、标准色、象征图案等，应用系统主要包括：建筑环境、办公用品、交通工具、衣着制服、旗帜、标识牌、宣传橱窗、陈列展示等。

在现代社会生活中，标识起着十分重要的作用。一个学校必须重

视自己的标识，因为标识不仅属于品牌识别中的视觉识别范畴，它更是学校和社会进行有效沟通的重要载体之一，它可使学校的品牌作用更容易地表达出来。所以，学校标识可以理解为象征一个学校的信念，是学校经营理念、文化特色、价值取向和行业特点的集中体现。

也就是说，学校标识也不仅仅只是一个简单的图案，它代表着一个学校的办学理念、育人方针、师资力量以及其他一切软硬件设施，可以说，它是一个学校的精神象征。

2. 学校标识的重要性

在建筑方面

对于任何建筑而言，标识系统是其形象和身份识别的重要组成部分，是建筑设计人性化不可忽略的一部分。它的科学使用，能够营造良好的空间秩序，提高建筑的空间使用效率，是现代建筑中必不可少的组成部分。

（1）虽为配角，必不可少。

建筑是复杂城市空间中的一个单元，要想便于寻找，须有一个完整的城市标识导向系统。例如门号牌，就是一种地理资讯系统工程，便于消防、公安和医疗急救。而建筑功能的实现，需要依靠标识系统的有效引导。正如意孔呈像视觉设计事务所的设计师苏航所说："标识是建筑环境中不可分割的一部分，是现代建筑充分发挥其使用功能不可缺少的配角。"

在现在越来越复杂的建筑空间和信息环境中，标识系统的设计是一个综合性行业，是平面设计、金属加工制造、材料学、环境景观设

计、建筑室内设计等专业的集成。现在国外流行的大型标识系统，正逐渐成为建筑室内装饰的另一种手段。

标识本身的图形、字体、文化符号等都是感情的载体，它们能够表现华丽、朴素、疯狂等多个主题，对建筑内部的环境交通线路和空间氛围的营造有一定的引导作用。这就对大型标识的支撑系统设计，即标识的外形、材料、结构和细部构造等提出了很高的要求。因此，大型标识系统在商业空间中的重要性是不言而喻的。

（2）涉及面广，要求众多。

现代建筑标识设计应注意以下几个问题：第一是要保证建筑环境的完整性，以建筑环境为主，标识设计为辅；第二是要保证标识设计与建筑设计、环境设计同步，并确保三者风格统一；第三是要将标识设计融入建筑环境中，注意与其他环境元素的结合、互衬和对话，避免过度张扬产生唐突生硬的感觉。

看似简单的建筑标识设计，由于涉及建筑设计、环境设计等多个领域，因此，实际操作起来并不容易。目前国内设计师对建筑标识的重视程度普遍较低，标识设计水平也相对落后。这主要是因为：一方面是物业管理水平相对落后，无力提供先进的建筑标识设计。而国外的成熟做法是，标识由物业管理公司负责提供，一般的物业管理公司均有专门的企业形象顾问和专门的标识统一规范。另一方面是审美水平还相对落后。由于起步较晚，人们对建筑标识的丰富内涵认识不足，将其功能简单等价于路牌，因此美观程度严重不足。此外，设计思路狭窄、经验不足等，也在一定程度上影响着建筑标识更好地发挥作用。

（3）提升品质，帮助经营和管理。

一个成功的建筑环境标识设计能够营造出强烈的空间感，不仅能帮助人们辨识建筑环境，而且能给人们带来视觉享受，甚至能够起到帮助经营的作用。

楼盘的设计理念覆盖范围很广，我们在进行楼盘标识系统设计之前，会先综合考虑楼盘的品牌定位、消费人群、销售价格等因素，最终确定与其相符的标识系统的定位。此时，标识系统就不仅是一种导向系统，而且是一种楼盘销售的辅助手段。

适当的位置、精彩的标识是最容易引起人们注意的。出色的标识系统能够提高建筑空间的利用率并能产生经济效益。标识系统不仅完善了建筑物的使用功能，而且展示了建筑物的审美内涵。可以说，建筑与标识系统之间是一种相互依存、相互作用的和谐关系。它们相互作用，共同提升建筑的内在品质。

在品牌方面

每一天，我们都要与品牌这个词有意无意的打交道，尽管大多属于消费品，与我们衣食住行有关，或者说属于企业范畴，但随着人们对教育的失望和期望，随着国家对教育的重视，教育品牌，也成了我们这个时代的重要话题。

品牌间的竞争，是实力、服务、文化和形象的综合竞争。随着全球经济的一体化以及市场竞争机制向更广领域渗透，品牌的形象战略已由企业延伸到教育机构中。当教育品牌已经成为争夺社会资源、政策倾斜、科研经费、师资力量和生源的价值砝码时，其品牌的形象识别符号，也成为了竞争的文化要素之一。

标识，按照使用的功能可分：商标、徽标、标识、企业标、校徽、文化性标、社会活动标、社会公益标、校庆标、院庆标、服务性标、标记、符号等。作为人们直观联系的特殊方式，在社会活动、生产活动和教育活动中无处不在，是品牌文化的浓缩和定格。人们对品牌的认知度和识别力也是通过一个容易记住并立刻区分的标识而建立起来的。

校徽、院徽、园徽、实验室标识等教育品牌机构的标识同样要能

够触发人们的感觉，开启人们对该机构品牌的联想。它的设计图形并不是一些视觉要素的随意拼凑，必须能够用视觉语言表达出理念、文化的象征意义，将教育的专业特征及背景内涵表现出来，从而使受众通过视觉符号的信息传达增进对认知对象的了解。

现实生活中我们时常会遇到在医院、商场、公园等建筑内，找不到目的地急得团团乱转的情况。缺乏必要的建筑标识、已有标识不够清晰、缺乏整体规划、英汉翻译错误是造成这一情况的主要原因。

随着我国大学的快速发展，各院校都力争声誉和地位得到相应提高。大学校园是个小社会，它的环境具有典型性：

（1）是校园中的人群虽然主要是学生，但导向标识系统通常是第一次来学校的人或者对学校不太熟悉的参观者才使用的。

（2）是校园环境中教学机构繁多，科研机构林立，还有各种行政楼、后勤管理部门等，加之校园的建筑规划因为长时间的改建，有时缺少一定的规划性。

（3）是校园有自己的形象和氛围，导向标识系统应该与这种氛围相和谐。其中，大学校园如何满足在校师生及其他进校人员能够快速、顺利找到目的地的要求，已然成为各大学急需解决的问题。

学校标识就是运用系统工程学原理，对大学中所有与导向有关的资源以系统化的形式进行整合，以形成完整、规范和科学的导向标识体系，并传播与推广运用。

作为大学形象系统的重要组成部分，学校标识导向系统通过视觉设计与行为展示着大学的办学理念和精神文化，对学校的发展建设具有重大而深远的意义，其作用体现在：

（1）是系统的学校标识导向系统能够方便师生的学习、生活、工作。

（2）是统一的学校标识导向系统能够彰显校园文化气质，加强在

校师生的文化认同感。

（3）是学校标识导向系统对学校建设和谐校园具有重要意义。

（4）是学校标识导向系统能够为学校树立良好的社会形象，提高学校的综合竞争力。

3. 学校标识的文化内涵

教育已处于基础性、先导性、战略性地位的今天，学校在社会中扮演着十分重要的角色。CIS 是 Corporate Identity System 的英文缩写，直译为"企业形象规范体系"，是指一个企业为了获得社会的理解与信任，将其企业的宗旨和产品包含的文化内涵传达给公众而建立的视觉体系形象系统。

学校作为教育机构与纯商业化企业有着本质区别，但 CIS 的成功范例充分说明了其强大而独特的功效。因此，在信息技术越来越发达和学校竞争越来越激烈的时代，学校以一种特定管理理念的规范化的整体形象出现，将成为新时期学校发展的必然趋势。

CIS 学校设计是以学校定位或学校教育理念为核心的，以学校内部管理、对外活动、广告宣传以及其他以视觉和音响等为手段的宣传活动在内的各个方面，进行组织化、系统化、形象化的综合设计，力求使学校以一种统一的形态显现于社会大众面前，产生出良好的学校形象。

它可以有效地调动学校师生和社会各界的积极性和参与学校的发展战略，可以促进学校管理走向科学化和条理化，趋向符号化。一切复杂的事情如能通过简单的符号来表达，问题往往就容易解决。

符号化的管理，是学校管理中的重要内容。通过一体化的符号形式来界定学校内外的责任和义务，使学校管理在各个方面能有序高效地运作，建立起学校与众不同的个性形象，使学校能够在同行业中彰显自己的风格和特点，从而在同行中脱颖而出。

学校标识文化的构成

CIS 最初虽是为企业设计服务的，但教育作为一种特殊产业，管理理念同样不可缺少。企业 CIS 理念亦有许多值得学校借鉴的内容，现结合学校的实际情况及对 CIS 的理解将其归纳为以下三个组成部分：一是理念识别系统，即学校的办学方针、指导思想等；二是行为识别系统，即学校校训及各种规章制度等；三是视觉识别系统，即学校的整体视觉形象。

学校的"理念识别系统"和"行为识别系统"通常会受到高度的重视，在全校师生长期不懈的努力和实践中逐步完善，在此不再赘述。而视觉识别系统领域，各学校虽然也做过大量工作，但大都没有整体的规划或没有系统地执行，故尚有很大的可开发空间。事实上 CIS 系统的各分类系统之间的划分，并无绝然分界，是相辅相成、相互贯通的。

学校标识与校园文化的融合

大学学校标识导向系统的设计，应该考虑不同学校的个性和文化性。由于学校标识导向系统体现着大学的办学理念和精神文化，所以校园文化必须融入导向标识系统的设计中。

校园文化是大学的精神核心，要想研究大学的校园文化，就要求对学校进行全面的了解，可以从以下几个方面切入：

（1）校史。

大学建设发展的历史，是校园文化沉淀的河床。通过对校史的了解，可以理清学校发展的脉络，可以了解影响学校发展方向的各种思

想，可以纵向的把握学校的整体发展历程。

（2）校训。

校训是学校校园文化的核心内涵的体现，反映了整个学校的办学理念和发展方向，对学校标识导向系统的设计具有重要的指导意义。

（3）学风建设。

学校的学风建设也是校园文化的重要组成部分。优秀的校园文化一定形成优秀的学风，同时优秀的学风也体现着优秀的校园文化。

（4）学生社团活动。

大学中，社团是学生学习知识和提高实践能力的活动组织。积极的社团活动不仅能够提高学生的能力和增加知识，还能丰富校园文化，为学校树立良好的社会形象。

（5）建筑环境。

建筑环境是体现校园文化的重要方式。一个有特色的大学必然拥有特色的建筑环境。比如，合肥工业大学，由于其是工科为主的综合性大学，所以学校的教学楼被设计成类似工厂的形象，还有东风广场、斛兵塘等都体现了合肥工业大学校园文化的特色。

一套没有结合校园文化设计的导向标识系统，就不能被生活在这种校园文化中的师生所认同，同时，这样的学校标识导向系统也不能与处处体现校园文化的环境相融合。所以学校标识导向系统的设计必然不能忽视校园文化这个重要因素。

4．学校标识的文化特点

信息特点

一个好的标识必须具有以下几个特点：真、善、美、奇、特、时、

通、整、合。所谓"真"，即清晰、直接、信息准确。在一个高效运转的社会，瞬间抓住有效信息的重要性日益凸显。"善"指的是亲和、动人。"美"，是视觉设计上体现的美感，不同的城市与文化环境下设计的美学特征和与此相关的风格能体现这一点。"奇"讲的是与众不同、出奇制胜。"特"就是特色与特别。"时"突出的是时效、时代感，能够体现现代社会生活的变化与发展。"通"即通用、适用，在不同空间中能够普遍地有效地传达公共信息。"整"就是整体性与整合。"合"即和谐性。

在现代的信息图形的表现与传达方面，不同的介质传达不同的内容，在表现形方式上，从传统的平面到立体、空间和多媒体等等表现形式。新兴的材料与技术在表现形式与传达语言上提供了更多、更大的可能性。

在现代信息传达中，主要有两种渠道，文字传达和图形传达。特别在信息标识方面，信息图形的表现力更加直接与强烈。尤其面对不同的文化环境，最容易识别的是一些基本的图画，这对每一个人都是一个深刻的体验。视觉的感受从图形与图像上升到思维上的理解和感知，这对语言和文字的信息是个有效的补充，起到相辅相成的作用。

标识在功能上应该表达的更加得体，特别是我们在旅行当中会发现有些机场或者火车站等公共场所在这方面做得不是特别到位。在某些语境下，信息图表也是非常重要的，它可以把每个信息综合化、条理化，比如平面图和表格的处理。

艺术特点

（1）人性化。

相对大众群体，社会中弱势群体也需要获得某些信息的认知，例如残疾人、老年人、儿童等，他们对信息的感知的高度和能力是不一样的。

设计师普遍希望把东西做得巧妙、雅致的同时，也要考虑到另外一些因素会导致信息传达不畅。例如，很多年老的人，他们的视力不好，而且有的时候环境的光线不是非常的有效，这时候就需要考虑到一个有效的传达距离和传达效果。在发达国家法律上有这方面的规范，我们也能从案例上能看到公共设施上对他们的考虑。

（2）安全性。

标识提供的安全性的提示应用也非常多，中国每年交通事故死亡的人数超过20万，有些就与交通工具道路标识有一定关系。标识提示一种社会行为，我们经常看到一些伤残人的设施等等，对于现代社会，符号可以超过语言的障碍，进而取代口号标语的说教。

（3）公共性。

中国城市近些年随着流动人口的增加和国际交往的频繁，增多了标识的应用。针对不同的环境、文化和人群，符号可以跨越语言的障碍，更广泛地被人接受。

（4）趣味性。

有趣的标识让很多平常的街道变得非常有活力。有一个法国童书店的标识，即使书店已经关门，行人还常常忍不住要看一眼。尤其在文化或者艺术区趣味更能耐人寻味。

标识是信息时代的文化体验，某个人进入一种环境的时候，会通过一些细节去感受整体的氛围。我们第一时间接触的可能并不是人，而是所面对的提示性的环境。我们也看到，在交通上的指示也逐渐变得丰富，中国的城市化越来越快，城市越大，交通就越复杂，这就需要一些新的标识来提示过路者避免发生一些事故。

红绿灯是被广泛认知的交通标识，人行符号也有一定文化的代表性。巴黎的典型的人性横道提示符号很有意思。创造者在最初设计它的时候，就是为了避免人在等红绿灯的时候盯着一个静止的图画，觉

得无聊，设计是一个叉着腰的 V 字型的，非常有个性，体现了城市的艺术气质。

（5）有效性。

不能因为追求新奇而哗众取宠，平庸的标识也不会受到青睐。现在国内很多城市在进行地铁建设，标识大多平庸，没有特色，克隆现象严重，甚至起码的功能也难以实现，不符合城市现代化，反映地区文化的需要。

马来西亚首都机场的标识系统，这里是三大宗教和三大人种汇聚的地方，标识在这里融合了马来文、中文、印度文与英文等。这里有很多种语言的标识，但是所标示的面积是有限的，而且信息会越来越多，有些也很难表述，图形符号就再一次显示了它跨越语言障碍的作用。

巴黎戴高乐机场，它的特点在于用一个七十年代的老楼采用墙面化，用大背景凸显所要表达相关的形象和内容。这样我们远远看到的是一个黄色的标牌，用大字母来表示所要表达的信息或内容，非常地醒目。

在中国城市化的进程当中，很多城市环境设计越来越乏味、越来越没创意，这并不是一个理性发展的现象。在以标准化来提升服务的同时，应该有一些特点让大家觉得这里的环境是特别的，有不同之处。

在提倡设计的个性化和多元化的同时，一方面尊重国际规则和视觉性，另一方面设计上有一些相对温馨独到的语言去诠释环境。考虑标识标牌本身，站在整体的视觉形象的高度，甚至是品牌形象的角度去看待标识所拥有的作用。

（6）除具有一般设计艺术规律，如装饰美、秩序美等之外，还有独特的艺术规律。

①符号美。标志艺术是一种独具符号艺术特征的图形设计艺术。

33

它把来源于自然、社会以及人们观念中认同的事物形态、符号（包括文字）、色彩等，经过艺术提炼和加工，使之结构成具有完整艺术性的图形符号，从而区别于装饰图和其它艺术设计。

标志图形符号在某种程度上带有文字符号式的简约性、聚集性和抽象性，甚至有时直接利用现成的文字符号，但却完全不同于文字符号。它是以图形形式体现的（现成的文字符号须经图形化改造），更具鲜明形象性、艺术性和共识性的符号。符号美是标志设计中最重要的艺术规律，标志艺术就是图形符号艺术。

②特征美。特征美也是标志艺术独特的艺术特征。标志图形所体现的不是个别事物的个别特征（个性），而是同类事物整体的本质特征（共性），或说是类别特征。通过对这些特征的艺术强化与夸张，获得共识的艺术效果。这与其它造型艺术通过有血有肉的个性刻画获得感人艺术效果是迥然不同的。

但它对事物共性特征的表现又不是千篇一律和概念化的，同一共性特征在不同设计中可以而且必须各具不同的个性形态美，从而各具独特艺术魅力。

③凝练美。构图紧凑、图形简练，是标志艺术必须遵循的结构美原则。标志不仅单独使用，而且经常用于各种文件、宣传品、广告、影像等视觉传播物之中。具有凝练美的标志，在任何视觉传播物中（不论放得多大或缩得多小）都能显现出自身独立的完整的符号美。

5. 学校标识的设计

学校标识以强力方针及管理系统有效地展开，形成学校固有的视

觉形象；以视觉符号的设计统一化来传达精神与管理理念，有效地提高学校的知名度和形象。因此，学校识别设计应以视觉识别系统为基础，并将学校识别的基本精神充分地体现出来，使学校名牌化，同时对推动学校的知名度起着一定的作用。设计应从视觉上表现学校的教育理念和精神文化，从而形成独特的学校形象，就其本身同时具有教育的价值。

标识设计各视觉要素的组合系统因学校的性质、理念等的不同而有不同的组合形式。通常最基本的是学校名称的标准字与标志等要素组合成一组一组的单元，并配合各种不同的应用项目。各种视觉设计要素在各应用项目上的组合关系一经确定，就应严格地固定下来，以期达到统一性、系统化，从而达到加强视觉祈求力的作用。

标识的基本要素系统是学校标识文化的核心部分。设计的基本要素系统要严格规定标志图形标识、中英文字体形、标准色彩、学校象征图案及其组合形式。学校基本要素系统包括：学校名称、学校标志、学校标准字、标准色彩、象征图案、组合应用等。

象征的符号

学校标志是学校形象的象征识别符号，是设计系统的核心基础标志。通过简练的造型、生动的形象来传达学校理念、文化内涵等信息。标志的设计不仅要具有强烈的视觉冲击力，而且要表达出独特的个性和时代感，同时还必须广泛适应于各种媒体、各种材料及各种用品的制作。其表现形式可分为：

（1）图形表现（包括再现图形、象征图形、几何图形）；

（2）文字表现（包括中外文字和阿拉伯数字的组合）；

（3）综合表现（包括图形与文字的结合应用）。学校标志一经确定，就必须确定标准的比例图，并表示出标志的轮廓、线条、距离等精密的数值。其制图可采用方格标示法、比例标示法、多圆弧角度标示法等，以便标志在放大或缩小时能精确地描绘和准确复制。

标准的字体

标准字体包括中文、英文或其它文字字体，是根据学校名称来进行设计的。标识、标牌、霓虹灯、广告牌、灯箱制作、户外广告、亚克力标准字体的选用要有明确的说明性，直接传达学校的特点并强化学校形象和品牌祈求力。可根据使用的不同，采用学校的全称或简称来确定。字体的设计，要求字形正确、富于美感并易于识读，在字体的线条粗细处理和笔画结构上要尽量清晰简化和富有装饰感。在设计时要考虑字体于标志在组合时的协调统一，对字距和造型要作周密的规划，注意字体的系统性和延展性，以适应于各种媒体和不同材料的制作，适应于各种物品大小尺寸的应用。学校的标准字体的笔划、结构和字型的设计也可体现学校精神、教育理念和人才模式，其标准制图方法是将标准字配置于适宜的方格或斜格之中，并表明字体的高、宽尺寸和角度等位置关系。

标准的色彩

学校的标准色彩是象征学校并应用在视觉识别设计中所有媒体上的制定色彩。透过色彩具有的知觉刺激于心理反应，可表现出学校的教育理念的特质，体现出学校的性质和个性。标准色在视觉识别符号中具有强烈的识别效应。学校标准色的确定要根据学校性质的特点，突出学校与同行的差别，并创造出与众不同的色彩效果。标准色的选用是以国际标准色为标准的，学校的标准色使用不宜过多，通常不超过三种颜色。

象征的图案

学校的象征图案是为了配合基本要素在各种媒体上广泛应用而设计的，在内涵上要体现学校精神，起到衬托和强化学校形象的作用。象征图案在表现形式上要处理好对比、协调的问题，可由标志或组成

标志的造型内涵来进行设计。在基本要素组合使用时，要有强弱变化的律动感和明确的主次关系，并根据不同媒体的需求作各种展开应用的规划组合设计，以保证校园识别的统一性和规范性，强化整个系统的视觉冲击力，产生出视觉的诱导效果。

组合的应用

组合应用即是对学校标志、标准字、标准色等基本要素组合起来进行运用。为使学校建立统一的视觉识别体系，并适应于各种不同媒体和场合上的应用，应设计出一套规范化、系统化、统一化并能与各种基本要素富有延展性的组合模式。其中包括各种要素组合时的位置、距离、方向、大小等组合规范。所有组合形式都是以标志各部分的比例为模式组成单元。当组合模式的编排确定之后，为方便制作和使用，确保学校视觉识别的统一性和系统化，要绘制出组合的结构图。

学校的校训是学校理念的高度概括。好的校训能够激发师生积极向上的学习、工作热情，陶冶师生的情操，形成发展的合力。同时对外则能表达出学校发展的目标和方向，提高学校在公众的印象，激励一批又一批的师生走向成功与成才。

6. 学校标识的文化

学校标识文化是以学校标志、标准字体、标准色彩为核心展开的完整的视觉传达体系，是学校理念、学校规范等抽象语意的具体符号表现。学校标识文化分为基本要素系统与应用要素系统两方面。基本要素系统主要包括：学校校徽、标准字、标准色、象征图案等，应用系统主要包括：建筑环境、办公用品、交通工具、衣着制服、旗帜、标识牌、宣传橱窗、陈列展示等。

基本要求

VI设计是学校标志的基本要素，以强力方针及管理系统有效地展开，形成学校固有的视觉形象；以视觉符号的设计统一化来传达精神与管理理念，有效地提高学校的知名度和形象。因此，学校识别系统是以视觉识别系统为基础的，并将学校识别的基本精神充分地体现出来，使学校名牌化，同时对推动学校的知名度起着一定的作用。VI设计从视觉上表现了学校的教育理念和精神文化，从而形成独特的学校形象，就其本身同时具有教育的价值。

VI设计各视觉要素的组合系统因学校的性质、理念等的不同而有不同的组合形式。通常最基本的是学校名称的标准字与标志等要素组合成一组一组的单元，并配合各种不同的应用项目。各种视觉设计要素在各应用项目上的组合关系一经确定，就应严格地固定下来，以期达到统一性、系统化，从而达到加强视觉祈求力的作用。

设计规范

（1）基本要素系统设计。

基本要素系统是学校标识文化的核心部分。VI设计的基本要素系统要严格规定标志图形标识、中英文字体形、标准色彩、学校象征图案及其组合形式。学校基本要素系统包括：学校名称、学校标志、学校标准字、标准色彩、象征图案、组合应用等。

①学校标志。

标志是学校形象的象征识别符号，是CI设计系统的核心基础标志。通过简练的造型、生动的形象来传达学校理念、文化内涵等信息。标志的设计不仅要具有强烈的视觉冲击力，而且要表达出独特的个性和时代感，同时还必须广泛适应于各种媒体、各种材料及各种用品的制作。其表现形式可分为：

图形表现（包括再现图形、象征图形、几何图形）；

文字表现（包括中外文字和阿拉伯数字的组合）；

综合表现（包括图形与文字的结合应用）。学校标志一经确定，就必须确定标准的比例图，并表示出标志的轮廓、线条、距离等精密的数值。其制图可采用方格标示法、比例标示法、多圆弧角度标示法等，以便标志在放大或缩小时能精确地描绘和准确复制。

②学校的标准字体。

标准字体包括中文、英文或其它文字字体，是根据学校名称来进行设计的。标准字体的选用要有明确的说明性，直接传达学校的特点并强化学校形象和品牌祈求力。可根据使用的不同，采用学校的全称或简称来确定。字体的设计，要求字形正确、富于美感并易于识读，在字体的线条粗细处理和笔划结构上要尽量清晰简化和富有装饰感。在设计时要考虑字体于标志在组合时的协调统一，对字距和造型要作周密的规划，注意字体的系统性和延展性，以适应于各种媒体和不同材料的制作，适应于各种物品大小尺寸的应用。学校的标准字体的笔画、结构和字型的设计也可体现学校精神、教育理念和人才模式，其标准制图方法是将标准字配置于适宜的方格或斜格之中，并表明字体的高、宽尺寸和角度等位置关系。

③标准色彩。

学校的标准色彩是象征学校并应用在视觉识别设计中所有媒体上的制定色彩。透过色彩具有的知觉刺激于心理反应，可表现出学校的教育理念的特质，体现出学校的性质和个性。标准色在视觉识别符号中具有强烈的识别效应。学校标准色的确定要根据学校性质的特点，突出学校与同行的差别，并创造出与众不同的色彩效果。标准色的选用是以国际标准色为标准的，学校的标准色使用不宜过多，通常不超过三种颜色。

④象征图案。

学校的象征图案是为了配合基本要素在各种媒体上广泛应用而设计的，在内涵上要体现学校精神，起到衬托和强化学校形象的作用。象征图案在表现形式上要处理好对比、协调的问题，可由标志或组成标志的造型内涵来进行设计。在基本要素组合使用时，要有强弱变化的律动感和明确的主次关系，并根据不同媒体的需求作各种展开应用的规划组合设计，以保证校园识别的统一性和规范性，强化整个系统的视觉冲击力，产生出视觉的诱导效果。

⑤组合应用。

组合应用即是对学校标志、标准字、标准色等基本要素组合起来进行运用。为使学校建立统一的视觉识别体系，并适应于各种不同媒体和场合上的应用，应设计出一套规范化、系统化、统一化并能与各种基本要素富有延展性的组合模式。其中包括各种要素组合时的位置、距离、方向、大小等组合规范。所有组合形式都是以标志各部分的比例为模式组成单元。当组合模式的编排确定之后，为方便制作和使用，确保学校视觉识别的统一性和系统化，要绘制出组合的结构图。

学校的校训是学校理念的高度概括。好的校训能够激发师生积极向上的学习、工作热情，陶冶师生的情操，形成发展的合力。同时对外则能表达出学校发展的目标和方向，提高学校在公众的印象。

（2）应用要素系统设计。

应用要素系统设计即是对基本要素系统在各种媒体上的应用所做出具体而明确的规定。

当学校标识文化最基本要素的学校标志、标准字、标准色等被确定后，就要从事这些要素的精细化作业而开发应用项目。应用要素系统设计大致有如下内容：

①办公用品。

办公用品的设计制作应充分体现出强烈的统一性和规范化，表现出学校的精神。其设计方案应严格规定办公用品形式的排列顺序，以标志图形安排、文字格式、色彩套数及所有尺寸依据，以形成办公用品的严肃、完整、精确和规范的特点，给人以一种全新的视觉和文化冲击。西乡中学以大榕树校徽为基本要素，对信封、信纸、便笺、名片、徽章、工作证、笔记本、介绍信、档案袋、作业本、讲义本、校本教材、资料袋、公文表格等进行了系列化的设计，达到了较好的宣传效果。

②学校外部建筑环境。

学校外部建筑环境设计是学校形象在社会公共平台的视觉呈现，是一种公开化、有特色的群体设计。在设计上借助校园周围的环境，要突出和强调学校标识文化，并协调于周围环境之中，体现学校形象的标准化、规范化和学校形象的坚定性。主要包括：建筑造型、建筑色彩、建筑风格、园林设计、校外路牌、校园导示牌、班级标识牌以及浮雕、塑像等。

③学校内部建筑环境。

学校的内部建筑环境主要指学校的办公室、教室、功能室、会议室、体育馆、宣传栏等的环境形象设计。设计时要把学校识别标志贯彻于学校室内环境之中，从根本上塑造、渲染、传播学校识别形象。大榕树文化长廊、大榕树餐厅、大榕树会展中心是我校大榕树文化设计的较好体现。

④交通工具。

交通工具是一种流动性、公开化的学校形象传播工具。其装饰风格反复的流动并给人瞬间的记忆，有意无意地建立起学校的形象。设计时应具体考虑它们的移动和快速流动的特点，要运用标准字和标准色来统一各种交通工具外观的设计效果。学校标志和字体应醒目，色

彩要强烈才能引起人们注意，并最大限度地发挥其流动广告的视觉效果。主要包括中巴、大巴等。

⑤服装服饰。

学校整洁高雅的服装设计，可以提高学校师生对学校的归属感、荣誉感和主人翁意识，改变师生的精神面貌，促进工作效率的提高，并影响师生团体观念和对社会的责任心。设计应严格区分出工作范围、性质和特点，符合不同岗位的着装。

⑥广告媒体。

学校选择各种不同媒体的广告形式对外宣传，是一种长远、整体、宣传性极强的传播方式，可在短期内以最快的速度，在最广泛的范围将学校信息传达出去，是现代学校传达信息的主要手段。西乡中学大榕树网站、《大榕树》校报、《大榕树》杂志等对大榕树文化标识的宣传起到了较好的作用。

⑦赠送礼品。

学校礼品主要是以学校标识文化的产品为内容，用来联系感情、沟通文化、协调关系的馈赠品。它是一种文雅的文化交流形式。主要有旗帜、T恤衫、领带、领带夹、钥匙牌、雨伞、纪念章、礼品袋等。

⑧印刷出版物。

学校的印刷出版物代表着学校的水平和形象。在确保文本质量的基础上，学校标识文化的设计要体现良好的视觉效果，一般学校标志和标准字统一安置在某一特定的版式风格上，营造统一的视觉形象来强化公众的印象。主要包括学校的宣传画册、系列刊物、校本教材等。

实践已经证明，学校文化是学校的核心竞争力，充分发挥学校标识文化在学校品牌管理中的作用，必将会促进学校健康持续快速地发展。

7. 校园环境标识设计

在今天现代化、国际化的社会生活中，在建筑内外空间中，形形色色、不同功用的指示标志到处可见，为不同环境起着分流、指导、咨讯、警示等作用。图文并茂的标识，超越了语言障碍，为不同国家、不同民族的人们之间进行交流提供了极大的方便。标识系统在校园环境中有着非常重要的作用，出色的标识不但是一种导向载体，而且是学校形象的宣传者；不但能张显学校的魅力，而且能够唤起师生以及来访者的情感，使他们拥有亲切、愉快的心境。

校园环境的特殊性

环境标识作为环境的配件，是实实在在存在于空间环境中的，以创造宜人的环境为设计前提，烘托环境气氛，显示环境个性，因此，不能孤立于环境之外，必须与环境相互依存。校园环境有着一定的特殊性，不能与一般的商业环境相提并论。它所体现的应当是一种校园文化氛围。何谓文化，即以文教化，"人是文化的主体，文化是自然的人类化"文化既可以表现人的行为模式，也是人的价值观念、审美情趣、思维方式的体现。因此，在进行校园环境标识系统设计时应充分考虑文化的背景。

校园环境标识系统设计应具有科学性、前瞻性，体现现代化、信息化、园林化、生态化的校园特点。以适应教学、科研、生活质量等方面不断提高的需要，使校园规划更具有科学和文化氛围，同时要以发展的眼光看待校园生态、资源环境，设计时应留有充分的扩展余地。

校园环境标识的设计依据

在进行校园环境标识系统设计之前，应当从以下几点考虑：

（1）明确设计定位以及校园文化理念的表达要求；

（2）遵循以人为本，为人服务的原则；

（3）深入了解校园景观环境条件、结构（外环境）以及交通流线分析；

（4）各学院楼、公共教学楼、师生公寓楼、公共活动场所、对外交流场所等建筑内部部门结构、分流分析；

（5）校园标识导向分级原则；

（6）与校园整体形象设计原则相符。

校园环境标识导向分级原则

校园环境标识导向分级原则与一般环境标识导向分级原则类似，要依照从外到内，从大到小的顺序。通过对校园环境的分析调研（学校性质不同，标识系统的设计内容与设计风格应有所区别），对标识系统进行分类，便于设计工作有条不紊地展开。

校园环境标识一级导向应当从外环境入手。甚至可以在校园外交通道路两旁市政允许的情况下设置校园户外形象标识；可以设想作为一个从来没有进入过该校园的人，如何依靠信息完整、方位指示明确的标识轻松寻找目的地，而不是见人就问路，见路口就停步，从校门开始，就要首先明确学校名称，认清校名标识；一个对校园环境一无所知的人，最先想看到的是校园的总平面图，以便明确大方向，因此，入口处的校园总图标识必不可少；有了对总图的初步认识，继而依次根据校园交通道路指引标识、道路分流标识、道路名称标识、楼宇场馆名称标识到达目的地。此外，校园公共服务设施标识（报亭、停车场—入口/停车导视、电话亭、洗衣房、书店、活动中心、便利店、银行、公共浴室、ATM 机、开水间、商务中心等）、交通指示标识（标

准）等也是一级导向中不可或缺的部分。

校园环境标识二级导向属于内环境部分的楼宇内部标识。一般包括楼宇总索引及平面图、各楼层索引及平面图、大厅/走廊指示、楼内公共服务设施（洗手间、问讯处等）标识、出入口标识、公告栏等。

在这一级导向中应特别注意各楼宇的使用性质（教学楼、实验楼、图书馆、博物馆、科学会堂、培训中心、活动中心、学术报告厅、校医院、体育馆、游泳馆等），有些标识应该依照一定原则通用，例如消防安全标识、医院内部标识，有些则可以根据校园文化的特色，根据各学院的特征进行个性设计。

校园环境标识三级导向更加细化，从各教室、实验室到行政、后勤等单位的单元牌都属于这一级导向。校园环境标识四级导向可以作为最后一级导向，即门牌/设施牌/窗口牌/桌牌/树木牌/草地牌（外环境）。其中设施牌主要指的是公共服务设施中的标牌，如洗手间、投币饮料机等，窗口牌则主要针对校内银行、学生食堂、公共浴室等空间内部的功能性指示牌。

至于草地牌，作为校园环境景观的一个重要组成部分，不必完全严格按照园林系统公共标志实施规程执行，可以设计有校园特色的、温馨的标识，无论从造型、语言还是色彩均可如此。

树木牌在校园树种层次较多的情况下，非常有必要设置，生活中不乏这样的实例，在一个环境中生活了数年，对环境中的树木花草知晓名称习性的人少之又少，在学校这样的环境中，有必要使学生了解树木花草的名称、产地、习性等，既为环境添色又增长了知识。

校园环境标识系统设计内容

校园环境标识系统设计内容校园环境标识系统应具有简洁、连续、统一的特征，并有较强的可视性。标识的基本尺寸包括外观尺寸、内部图形文字尺寸、与周围空间的体量关系、模块化设计参照等，过大或过小的标识都不能起到应有的功用。标识尺寸过大，笨拙而又破坏环境的协调性，标识尺寸过小，可视性就会弱。

一级导向标识外观造型的设计首先要考虑校园的整体建筑风格、标识与周围建筑环境之间的体量关系、建筑物的朝向、建筑物的造型等，标识造型应该与周围环境相融合，不能孤立于环境之外，适合的标识会为建筑增添光彩。

二级导向以下的标识尺寸设计的前提是满足使用功能需要。同种性质、分级越低的导向尺寸越应统一。

字体在标识设计内容中占有很大比重，学校视觉形象识别 VI 手册中一般都会对文字应用有充分考虑，通常环境标识系统设计中使用印刷字体居多，既便于识别，后期维护更换也有标准控制。文字与背景板的色彩应有明显的对比，字体大小应可在一定距离内准确辨认。现代化的校园与国际交往更加密切，文字中必须有中英文对照，有时英文名称可能长于中文名称，要留出足够空间。国际惯例母语优先，因此采用中文在上、英文或其它语种在下的方式排列。

标识内容通常包括图形、文字的排版定位、色彩等。依从现代人的阅读习惯，版式设计多采用横式。传统的版式标准一般上中文下英文（或其他语种），作为校园环境中的一个景观组成部分，在保持文字可读性的情况下，适度的夸张变形、错位的组合、与异形外观造型的匹配排列等等现代自由版式已经成为校园环境标识系统设计的首要选择。应用于同种性质的固定位置的标识，版式应尽量具有一致性。以便使人产生视觉惯性和视觉依赖性，即便转换不同楼层，也能很容易到达目的地。

图形设计不仅仅是指在标识设计中采用平面图形式或者象征图形配合文字，涉及到位置导向的必须有方位明确的指示箭头图形。某些校园交通警示、公共设施（如禁止快行、禁止车辆通行、洗手间、电

话亭、消防通道等）可以单纯以图形代替文字，应用于公共服务功能。有些国际惯用或标准图例，例如男女卫生间、残疾人通道、电话亭等可以直接使用。

标识设计中充分利用色彩给人的强烈的感官刺激、直观感觉，可以使标识更加醒目，同时应当注意的是标识的主色调必须与周围的环境协调。校园环境标识系统的色彩可以采用学校视觉形象标准色搭配，突出校园形象整体性。也可以使用各学院标准色，活跃空间环境，增加易辨性。但是，色彩的使用要注意量的控制，越是分级向下的导向色彩越不能过于繁琐，以免使人无所适从。

环境标识材料的选择应考虑材料的耐久性（特别是外环境）、易维护性、安全可靠性、使用便利性等因素。通用标识一般采用模块结构，节约成本，补充更换内容方便。学校出于形象及宣传需要，多采用相对个性化的标识设计，虽然制作成本提高，但是，校园环境特色即刻跃然而出。

随着近年来人性化设计越来越得到重视，无障碍标识系统逐渐引起人们的关注，国外很多公共场所都为残障人士提供各项设施以体现人文关怀。例如有可供轮椅使用的卫生间，内侧刻有盲文指示的扶手、供盲人以声音来参观展览的音响设备触摸开关等等，这些设施均有明显的标识。目前，我国也正在逐步建立和完善无障碍环境标识系统。学校的发展是持续不断的，校园环境标识系统设计也需要在实践中不断完善。

8. 学校网站标识设计

学校网站标识的内涵

学校网站标识就是学校为把自己的网站区别开来而给自己的网站所起的名称或所加的特殊性标志，而网站名称是指网站标示中的文字部分。

网站标识的组成可以包括文字、字母、数字、图画、三维动画，甚至音乐，如：文字部分即所谓网站名称的构成可以是，地区＋描述性词＋显著性词＋行业/服务类型＋网站/在线，也可以在其中择其一二。而我们通常所说的"网站名称"是其文字部分，则会错误的理解网站名称的区别性要求，把整体的区别性要求当成文字的区别性要求。

学校标识与网站 LOGO

作为独特的传媒符号，标识（LOGO）一直成为传播特殊信息的视觉文化语言。据说，最早的符合 CIS 精神的标识实例，是两千四百三十三年前陪葬我国楚地的曾侯乙的一只载上的"曾"字型图标。无论从古时繁复的欧式徽标、中式龙文，到现代洗练的抽象纹样、简单字标等都是在实现着标识被标识体的目的。

通过对标识的识别、区别、引发联想、增强记忆，促进被标识体与其对象的沟通与交流，从而树立并保持对被标识体的认知、认同，达到高效提高认知度、美誉度的效果。作为时代的前卫，网络 LOGO 的设计，更应遵循 CIS 的整体规律并有所突破。

学校网站 LOGO 的作用

（1）LOGO 是与其它网站链接以及让其它网站链接的标志和门户。

INTERNET 之所以叫做"互联网"，在于各个网站之间可以联接。要让其他人走入你的网站，必须提供一个让其进入的门户。而 LOGO 图形化的形式，特别是动态的 LOGO，比文字形式的链接更能吸引人的注意。在如今争夺眼球的时代，这一点尤其重要。

(2) LOGO 是网站形象的重要体现。

试问一个衣冠楚楚的人怎么能让自己的名片污渍不堪？就一个网站来说，LOGO 即是网站的名片。而对于一个追求精美的网站，LOGO 更是它的灵魂所在，即所谓的"点睛"之处。

(3) LOGO 能使受众便于选择。

一个好的 LOGO 往往会反映网站及制作者的某些信息，特别是对一个商业网站来话，我们可以从中基本了解到这个网站的类型，或者内容。在一个布满各种 LOGO 的链接页面中，这一点会突出的表现出来。想一想，你的受众要在大堆的网站中寻找自已想要的特定内容的网站时，一个能让人轻易看出它所代表的网站的类型和内容的 LOGO 会有多重要。

学校网站 LOGO 的应用原理

在网络 LOGO 设计中极为强调统一的原则。统一并不是反复某一种设计原理，应该是将其他的任何设计原理如：主导性、从属性、相互关系、均衡、比例、反复、反衬、律动、对称、对比、借用、调和、变异等设计人员所熟知的各种原理，正确地应用于设计的完整表现。统一也可解释为，共通以上所述各原理，而更高、更概括、更综合的原理。

构成 LOGO 要素的各部分，一般都具有一种共通性及差异性，这个差异性又称为独特性，或叫做变化，而统一是将多样性提炼为一个主要表现体，称为多样统一的原理。统一在各部分之中的要素中，有一个大小、材质、位置等具有支配全体的作用的要素，被称为支配。

精确把握对象的多样统一并突出支配性要素，是设计网络 LOGO 必备技术因素。

网站 LOGO 所强调的辨别性及独特性，导致相关图案字体的设计也要和被标识体的性质有适当的关联，并具备类似风格的造型。

网站 LOGO 设计更应注重是一种对事物张力的把握，在浓缩了文化、背景、对象、理念及各种设计原理的基调上，实现对象最冲动的视觉体现。也可以理解为一种最受制约的冲动，在任何方面的张力不足的情况下，精心设计的 LOGO 常会因为不理解、不认同、不现实、不前卫、不艺术、不朴实等相互矛盾的理由而被用户拒绝或为受众排斥、遗忘。所以恰到好处的理解用户及 LOGO 的应用对象，是少做无用功的不二法门。不考虑国情和用户的认识水平，对自身设计能力估计不足都是要不得的。

学校网站 LOGO 的表现形式

作为具有传媒特性的 LOGO，为了在最有效的空间内实现所有的视觉识别功能，一般是通过特示图案及特示文字的组合，达到对被标识体的出示、说明、沟通、交流从而引导受众的兴趣，达到增强美誉、记忆等目的。表现形式的组合方式一般分为特示图案，特示字体，合成字体。

（1）特示图案。

特示图案，属于表象符号，独特、醒目、图案本身易被区分、记忆，通过隐喻、联想、概括、抽象等绘画表现方法表现被标识体，对其理念的表达概括而形象，不但与被标识体关联性不够直接，受众容易记忆图案本身，而且对被标识体的关系的认知需要相对较曲折的过程，但一旦建立联系，印象较深刻，对被标识体记忆相对持久。

所以对持久记忆要求高时应设计良好的特示图案形象，较好的设计如苹果公司的牙印苹果，对图案 LOGO 的面向推广的各种要素都把

握的恰到好处，另外一些情况下，希望在较短期限内建立形象的，还应该设计相应的吉祥物，以类似苹果这样耳熟能详的概念，强化沟通和理解。

在现代精神快餐的时代，朗讯的红圈也在成为时尚。不过这类设计在国内还只有设计公司的网站才能接收吧，但有线电视的一个最新的影视综艺节目的 LOGO 就出现了螺旋型的朗讯红圈，可叹借鉴时大胆有余，创意不足了。

（2）特示文字。

特示文字，属于表意符号。在沟通与传播活动中，反复使用的被标识体的名称或是其产品名，用一种文字形态加以统一。涵义明确、直接，与被标识体的联系密切，易于被理解、认知，对所表达的理念也具有说明的作用，但因为文字本身的相似性易模糊受众对标识本身的记忆，从而对被标识体的长久记忆发生弱化。

所以特示文字，一般作为特示图案的补充，要求选择的字体应与整体风格一致，应尽可能做全新的区别性创作。完整的 LOGO 设计，尤其是有中国特色的 LOGO 设计，在国际化的要求下，一般都应考虑至少有中英文双语的形式，要考虑中英文字的比例、搭配，一般要有图案中文、图案英文、图案中英文，及单独的图案、中文、英文的组合形式。有的还要考虑繁体、其他特定语言版本等。另外还要兼顾标识或文字展开后的应用是否美观，这一点对背景等的制作十分必要，有利于追求符号扩张的效果。

（3）合成文字。

合成文字，是一种表象表意的综合，指文字与图案结合的设计，兼具文字与图案的属性，但都导致相关属性的影响力相对弱化，为了不同的对象取向，制作偏图案或偏文字的 LOGO，会在表达时产生较大的差异。

比如，只对印刷字体做简单修饰，或把文字变成一种装饰造型让大家去猜。其综合功能为：一是能够直接将被标识体的印象，透过文字造型让读者理解。二是造型后的文字，较易于使观者留下深刻印象与记忆。

学校网站 LOGO 的设计

古代皇家的纹章，有条件通过反复的识别性展示使受众了解其蕴涵的身份、地位、等级等属性，可以被设计的极尽繁复，但现代人对简洁、明快、流畅、瞬间印象的诉求，影响到标识的设计越来越追求一种独特的、高度的洗练。

一些已在用户群中产生了一定印象的公司、团体为了强化受众的区别性记忆及持续的品牌忠诚，通过设计更独特、更易被理解的图案来强化对既有理念的认同。一些老牌公司就在积极更新标识，可口可乐的标识就曾几易其稿。

而一些追求受众快速认知的群体，就会强化对文字表达直接性的需求，通过采用文字特征明显的合成文字来表现，并通过现代媒体的大量反复来强化、保持易被模糊的记忆，比如 INTEL 的 E 字简单位移构成的 LOGO 形式。

网站 LOGO 的设计中，大量的采用合成文字的设计方式，如 YA-HOO、AMAZON 等的文字 LOGO 和国内几乎所有 ISP，这一方面是网页寸屏寸金的制约，要求 LOGO 的尺寸要尽可能的小；另一方面是由于这些网站建设之初，一般缺乏优秀的形象设计师的参与，决策者多数为技术类人员，对直截了当、简洁明快有种直觉式的追求。

而最主要的是，网络的特性决定了仅靠对 LOGO 产生短暂清晰的记忆，通过低成本大量反复浏览，既可产生需要图形保持提升的那部分印象记忆。所以网络 LOGO 对于合成文字的追求已渐成网络 LOGO 的一种事实规范。

随着管理人员、设计人员、策划人员介入网络，更加高效的LO-GO设计亦得到良好的探索。特别是一些设计网站对LOGO设计做了很多有意义的尝试。如针对网站LOGO的数字特性探索LOGO的3D、动态表现方式等。

其中比较共识的做法，是为保护LOGO作为整体形象的代表，只宜于在LOGO整体不做缺损性变形的条件下做动态变化，即只成比例放大、缩小、移动等，而不宜做翻滚、倾斜等变化，以保证对被标识体的严肃性的尊重，另外对既有LOGO制作3D的网络LOGO，已经成为越来越普遍网络标识制作方案了。

学校网站LOGO的规范

设计LOGO时，面向应用的各种条件做出相应规范，对指导网站的整体建设有着极现实的意义。具体须规范LOGO的标准色、设计可能被应用的恰当的背景配色体系、反白、在清晰表现LOGO的前提下制订LOGO最小的显示尺寸，为LOGO制订一些特定条件下的配色、辅助色带等方便在制作BANNER等场合的应用。同时，应注意文字与图案边缘应清晰，字与图案不宜相交叠。另外还可考虑LOGO竖排效果，考虑作为背景时的排列方式等。

一个网络LOGO不应只考虑在设计师高分辨屏幕上的显示效果，应该考虑到网站整体发展到一个高度时相应推广活动所要求的效果，使其在应用于各种媒体时，也能发挥充分的视觉效果；同时应使用能够给予多数观众好感而受欢迎的造型。

所以应考虑到LOGO在传真、报纸、杂志等纸介质上的单色效果、反白效果、在织物上的纺织效果、在车体上的油漆效果，制作徽章时的金属效果、墙面立体的造型效果等。

9. 学校标识的管理

学校标识，是学校的象征。每个学校都应自觉维护学校标识的合法权益。

为弘扬学校理念和办学方针，学校标识一般可印记于本校的重要建筑物、学校重大活动场所、学校主要出版物和代表学校统一形象的纪念品、印刷品、礼品，以及学校指定用于馈赠交流的其他物品上。校内各单位需要使用学校标识，应提出书面申请，经校长办公室批准后方可使用。校内各单位不得扩大学校标识的授权使用范围，校外单位无权使用其他学校的标识。

学校标识是学校的象征和标志，为防止学校标识被仿冒或滥用，学校应授权标识管理和使用单位，禁止任何单位和个人未经批准以任何形式使用。

此外，对已得到授权使用的单位如发生以下情形之一的，学校标识管理部门均可以暂停直至收回其使用授权。

（1）摆放、张贴、造型等出现变形，影响到标识的本来意义；

（2）纪念品、印刷品、礼品等产品出现质量事故；

（3）原申报活动发生变化的；

（4）超过原授权范围产品种类和系列的；

（5）经学校研究认为不适宜的。

10. 基础教育空间的标识设计

标识经常会映入人们眼帘，起到提醒、警示、引导的作用。它在人们的日常生活中是不可缺少的，它时刻出现在人们的周围。标识一旦与建筑有了关联，那么其作用会更为强大，其含义也会更加丰富。

然而在实地调研中发现，50%以上的人认为标识只是设计中的细节部分，是搭配、辅助建筑设计而产生的。因此人们对标识的理解是有局限性的，对于标识在建筑中的应用、标识在基础教育空间的重要作用了解就更为欠缺了。

标识的认识

标识是通过视觉传达而表明事物的特征、情感、指令的单纯、显著、易识别的物象，它通常是为了某一目的而专门设置的。它透视了一个社会的文明程度，很多人认为它只是设计中的细节部分，但它在现实中却规范了人们的行为，有极强的功能性。标识是建筑的辅助设施。

人们经常会听到交通标识、商业标识甚至是医院标识。它强制性地闯入人们的视野，也许只是下意识的反映，但是标识已经传达给人们很多的信息了。交通标识、商业标识、医院标识、办公标识，这些都属于公共标识，也是城市导向系统的一部分。因此，教育标识也就很自然的属于城市导向系统的一部分，应该给予足够的重视和关注。

标识的作用

用孩子们的话来说，"标识是提醒人的标志"，"是可以提醒你的图标"，"就是告诉人什么"。可见，标识的作用主要是"表达意义"、

"表达感情"和"指令行动"。孩子们熟悉的是其"指令行动"的作用，而对"表达意义"、"表达感情"的理解还相对比较少。

现今的城市导向系统设计已逐渐进入人们的视野，要提升整个城市的品位，保证城市生活的顺畅必须要依靠良好的标识设计，但是标识在我国的基础教育空间内却是极其缺乏的。中小学生对交通标识比较了解，有些学校专门开设了"标志课"。但是，中小学的教育标识性设计是少之又少，已不能适应基础教育空间的要求，这也反映了设计者对标识与教育空间关系的忽视。

在基础教育空间中需要大量标识的原因

（1）这是由于我国现阶段基础教育空间所决定的，我国现阶段基础教育空间的类型简单地说可以分为两类：

①编班制课堂所决定的定型化的教育空间，它可以满足基本的教学任务，但是对孩子的个性塑造和各方面素质的发展都有一定的局限性。它是应试教育模式下的产物，但也是现阶段我国中小学教育空间最普遍的存在形式。

这样的空间，标识性很差，每个班级、每个年级的空间都是很匀质的，怎样利用标识很好地做空间引导，使空间也富有差异性是核心的问题。

②开放式教学空间。随着我国素质教育的开展深入及综合国力的提高，小班化教育在国外普遍存在的开放式教学而产生的灵活教育空间在我国也有了一定的发展。

开放式教学的空间比较灵活、功能复杂，因此对空间标识性的要求也会提高。总之，好的标识设计对于开放式教学的空间也是非常重要的。

（2）由于标识自身特点而产生的问题：适合教育空间的标识很少，现实大量存在的是拿来主义，拿来就用，很少分析是否适用于教

育空间的使用，很少研究孩子们的特点及需求。

（3）标识在教育空间有着极其重要的作用：

①对小孩子的空间提示起引导作用，空间提示引导性是标识最重要的功能，它又分为"直观引导"和"心理暗示"。"直观引导"，言下之意就是强烈的视觉直观，孩子们一眼就能看见，就会沿着设计者的视觉引导在空间内部活动。

某些色彩和图案都有特定的含义和内容，比如：简单的几何形体会有"活泼"的印象，使孩子们容易接受，孩子们会觉得好玩，校园的气氛比较轻松，孩子们喜欢在校园里停留，这就是心理暗示。将两者很好地结合起来才能达到对空间好的引导。

②对教育空间的装饰作用，好的教育标识设计不但能够满足对空间的提示和引导，同时漂亮的外形和良好的创意还能对空间进行装饰美化。

③作为日常教育的一部分，例如为规范学生行为而贴在墙上的口号、名人名言以及英雄人物的事迹，可以增强教育空间的教育氛围，让孩子们潜移默化地感受到美好和正义。

④还可作为课堂教育内容的补充。开设兴趣课程可以提高孩子们的审美和创意能力。

现在我国中小学校标识的实际情况

（1）标识十分缺少，不美观，没有与环境融为一体。例如，花坛里的一处标识，目的是不让孩子们翻越花坛，但是12米长的花坛内只设了一处，警示的作用很小，很微弱，造型上根本没有精心的考虑。这时卡通的造型，与花坛小环境的和谐应该是很好的选择。

（2）标识成人化。冷冰冰的金属材质，没有考虑孩子们的心理需求，使孩子们敬而远之。

（3）标识安放的尺度与小学生的尺度不符。因此就造成了教育标

识毫无个性可言，经常被人们忽略，也就没有达到空间引导以及传达信息的作用。

基础教育空间标识性的体现

（1）用色彩结合标识在建筑空间的应用增加空间的标识性。

在色彩的运用上要考虑与建筑背景色的对比，增强引导性，尊重基础类教育建筑的风格，同时也要考虑与环境色彩的关系。

标识的色彩主要针对信息传达主体，即标识的版面色彩以及主要构件的色彩。前者又包括背景颜色、文字颜色和用于其他视觉元素的颜色，如边界线、装饰线、标识图案等。

色彩的数量不宜过多，应该在有限的色彩范围内寻求多种搭配方案，在统一中求变化。绿色、淡蓝色是孩子们最喜爱的颜色。色彩不但可以营造孩子们喜欢的氛围，让孩子们的情绪缓和而且对孩子的心智发展也有良好的作用。因此运用孩子们所喜欢的颜色进行设计会有良好的效果。

（2）在造型方面。

①形式要轻松活泼，思想含义过多，含义太深刻，或是图面信息太复杂对于儿童来说都是不利的，不但达不到良好的效果，反而会使孩子感到困惑，教育标识不能没有艺术性和个性，但也决不是做艺术展览，用简单明快的风格，轻松活泼的形式来传达设计者的意图才是好的教育标识作品。一般来说，简单的几何形体是孩子们比较容易接受的。

②要"量身定做"，要符合孩子们身体生长的需要，对孩子们的尺度进行分析。

③整体校园环境进行设计，应突出当地的地域性特点或者强调历史文脉的延续，加强学校的整体印象。使孩子们耳濡目染，健康成长。

（3）我国教育标识应包含的内容：

校外交通指示牌、警示牌，学校名称标识牌，办公楼、教学楼、其他楼体标识牌，学校建筑分布总平面图标识牌，分流标识牌，宣传栏，植物园、运动场中的知识展示牌，草地提示标识牌。

同时，还有楼层总索引牌，分楼层索引牌，楼层号牌，各课室名称牌，行政办公科室名称牌，行政办公室工作职责，班级课程表，开水间、洗手间等功能标识牌，通道分流吊牌，挂历墙式橱窗宣传栏，名人名句展示牌，温馨标语提示牌，公共安全标识牌。

（4）标识放置的位置。

①不可以影响空间功能的使用，标识位置醒目固然重要，但一定是在不影响空间功能的使用的基础上。

②标识数量多，并不一定能达到良好的引导效果，如果标识的数量过多，会造成资源的浪费和传达效果不佳的问题。其数量和密度不可以使孩子们产生视觉拥挤的感觉，信息量不可以超出孩子们的接受范围。

标识与基础教育空间的关系非常密切，要营造良好的基础教育空间的标识性和引导性，就一定不能忽略教育标识设计这一环节，只有进行了精心的教育标识设计，教育空间的通达性、人性化才有可能实现。

对教育标识的重视就是对师生的重视，对师生的尊重。它是学校发展及文明程度的标志，我国基础类教育空间标识性问题发展滞后，这还需要设计人员的不懈努力来改善现状。

11. 学校标识导向系统的运用

改革开放以来，我国义务教育事业获得长足发展，取得令人瞩目

的成绩。随着我国义务教育事业日新月异地蓬勃发展，尤其是随着各类的新型学校的兴建，作为学校形象系统不可缺少的一部分，标识导向系统已经悄然进入现代中小学校园。

学校标识系统，就是应用系统工程学原理，对与学校相关的有效资源进行整合，使零散的、局部的、表面无关的所有资源以系统有序的形式发挥整体功效，以形成完整、系统、科学、规范的资源体系，并运用传播手段进行推广。

现代学校为了塑造自身形象，提高学校竞争力，加强学校文化建设和形象建设，增强全校师生员工的凝聚力、自信心和自豪感，越来越注重学校形象系统的设计。

学校形象系统的设计是在总结自身的发展文脉，深入挖掘学校的历史积淀，提炼学校的内在精神和办学理念的基础上，把学校精神与文化底蕴形象化、系统化，把社会对学校的认知和学校自身的意识结合起来，把历史积淀自发形成的精神品质经过挖掘、提炼、培育和塑造，由此形成各自学校独特的品牌形象。

实施学校形象设计是以提炼学校精神、塑造学校新形象为核心，对内增强凝聚力，对外树立新形象为目的，对学校的办学理念、行为规范、视觉识别标准进行规范全面的设计。

随着我国改革的不断深化和科学技术的迅猛发展，时代强烈地呼唤崭新形象的现代化学校。学校形象系统设计主要包括理念识别系统、行为识别系统、视觉识别系统三部分内容。

学校的标识，是学校形象的标志，是学校视觉识别系统的重要内容，是将学校的办学理念和精神文化通过视觉设计与行为的展现。学校的标识一般分为内在标识和外在标识两大类。内在标识主要是指学校的教育理念或办学理念。外在标识又分为场所标识和符号标识两种，场所标识主要是指学校的各种空间的标示，如功能场所标示、道路名

称标示、建筑物名称标示等。符号标识主要包括校名标示、校徽、校旗、校歌等。学校的标识属于学校的形象设计系统。

现代学校标识导向系统与学校形象系统紧密结合，并成为学校形象系统的重要组成部分和提升学校品位、创建学校品牌的重要手段和载体。

学校标识导向系统的特点

标识导向系统的设计要与学校的类型、校园环境等统一和协调。学校的类型由类和型两部分组成。"类"反映学校的学科特点，现在的中小学还没有严格的分类，这里的分类主要指的是大专院校。大学有综合类、文理类、理科类、文科类、理学类、工学类、农学类、医学类、法学类、文学类、管理类、体育类、艺术类等13个类型。

"型"要表现学校的科研规模，按科研规模的大小，现有学校分为研究型、研究教学型、教学研究型、教学型等4型。每个学校的类型由上述类和型两部分组成。

标识导向系统的功能性

（1）户外标识导向系统。

具体分为：校外交通指示牌，学校名称标识牌，办公楼、教学楼、其它建筑物标识牌，学校建筑分布总平面图标识牌，立地式分流标识牌，立地式带顶棚宣传栏，植物知识介绍牌和爱护花卉草地标语牌。

（2）室内标识导向系统。

具体分为：立地式或挂墙式楼层总索引牌，分楼层索引牌，楼层号牌，各科室名称牌，行政办公科室名称牌，行政办公室工作职责，班级课程表，洗手间、开水间、教师休息室等等功能标识牌，通道分流吊牌，挂墙式橱窗宣传栏，名人名句展示牌，温馨标语提示牌，公共安全标识牌，禁止标识牌。

标识导向系统的艺术性

（1）色彩设计。

标识导向系统的色彩设计，除了在某些标识中有专门规定以外，一般应按照 VI 手册的规定的学校形象标准色来执行，即要统一，但还应注意辅助色的搭配使用。利用不同的辅助色表示不同的区域，就很容易知道自己仍处于的区域范围。另外，用色要少，一般控制在 2 ~ 3 色左右，不然会显得嘈杂。

（2）文字设计。

文字在标识导向系统中占有很大比重，学校的 VI 手册中一般都会对文字应用有严格的规定。一般说来，以粗壮的黑体字最为常用，因为黑体字笔画粗细一致，间架方正、明确，具有很强的视觉冲击力，在一定的运动速度和距离内易于识别。

其次是宋体，它的结构清晰有力，笔画有起伏，有文化韵味，但缺点是横竖笔画的不均匀在一定程度造成视觉不清。现代的学校与国际交往更加密切，文字中必须有中英文对照，一般采用中文在上、英文在下的方式排列。

（3）符号设计。

符号的优势在于它能够比较直观地、具体地和准确地把信息传达给人，能弥补文字传递信息的不足。

学校校园的交通警示、公共设施标识（如禁止通行、禁鸣、洗手间、电话亭、消防通道等）都可以单纯的符号代替文字。有国际惯用或标准符号的，例如男女卫生间、残疾人通道、电话亭等可以直接使用。如果没有国家或国际通用的可以根据需要自行设计，突出学校的特色和个性。

（4）版式设计。

版式设计的主要功能是向读者传达信息的视觉桥梁，出色的版式

设计，有利于更加有效地集中读者视线，使版面布局清晰，疏密有致，使人耳目一新。根据现代人的阅读习惯，学校的标识导向系统的版式设计一般应采用横式编排。尤其是同种性质的固定位置的导向标识，其版式设计应尽量具有一致性，以便使人产生视觉惯性和视觉依赖性。

（5）材料设计。

标识导向系统的材料的选择应考虑材料的耐久性、安全性、便利性和易维护性等因素。通用导向标识一般可采用模块结构，既可节约成本，又能补充更换内容方便。

学校出于形象及宣传需要，也可选择适应不同地域的装饰材料和用料标准，更可和材料加工方共同开发和研制适用设计要求的特殊装饰材料，使设计更具地域性和个性化，虽然制作成本提高，但是，校园环境特色和学校个性形象即刻跃然而出。

（6）造型设计。

标识导向系统的造型是传达视觉信息的载体，长期以来，忽视了对其外部形态的设计，从而造成了很多标识导向系统的造型千篇一律，尤其是采用了模块化的拼装组合结构以后，模块化组合要求采用预制的规格型材，组合成大小所需的"方阵"，以方阵代表某一模块，再由多个方阵合并成一个整体。

它具有按功能需要而设定，体现实用化、规范化、组合化，便于更换、调整、组合、拼装与拆卸的特点，但没有个性和特点。学校校园的文化气息比较浓，其标识导向系统的造型应该是人性化的、有文化内涵的。

无论标识导向系统的艺术性设计多么高，但其还是为其功能性设计服务的。学校标识导向系统设计既要具有浓重的科学和文化氛围，还要体现现代学校信息化、现代化、园林化、生态化的校园特点，更要适应现代学校教学、科研、生活等方面的功能需要。

基于校园文化和标识设计原理、方法而建立的学校标识导向系统，不仅方便师生及其他人员的学习、生活和工作，还能促进学校树立良好的社会形象，建立和谐的校园文化环境，增加校园的综合竞争力。

12. 学校标识导向系统的设计

学校标识导向系统的设计内容

在进行标识导向系统设计前，应该深入分析了解学校校园建筑环境条件、分区布局以及车行交通流线；分析行政办公楼、各学院教学楼、公共教学楼、学生公寓楼、公共活动场所、对外交流场所等建筑内部部门结构、人行交通流线。

车行和人行标识导向系统

与一般环境标识导向分级设计方法类似，要依照从外到内，从大到小的顺序。通过对校园环境的分析调研，对标识导向系统先进行分类设计，再进行分级设计，便于设计工作有条不紊地开展。按环境来分：室内和户外标识导向系统；按对象来分：车行和人行标识导向系统。

车行标识导向系统，校园车行标识导向系统的设计应符合国家交通标识规范，尽量采用国家或国际通用标识符号和色彩，主要分三级。

（1）一级，在学校校园外交通道路两旁设置的学校形象标识，明确指示学校的方向和距离，一般由市政管理统一制作安装。

（2）二级，主干道以及南北东西主要入口。一级车行导向牌主要指示校园道路，主要分区及方向。

（3）三级，各分区内道路等；二级车行导向牌指示分区内主要建筑及单位及方向。停车场标牌采用国际通用标志，并显示车位情况。

系统标志形状、规格、颜色符合现行《道路交通标志和标线》，并结合 VI 系统，展现校园统一、明确、个性化的形象。警告、禁令等标志牌放置于显著无遮挡位置。

人行标识导向系统，校园人行和车行要完全分开，人行系统和车行系统并行并延伸到建筑内部，并最终到达构成场所的基本单位，即房间。人行标识导向系统是学校对外传达信息的主要途径，其功能不仅仅是标识学校各建筑物的存在，而且具有公众引导和广告宣传的功能，主要分为五级。

①一级，主入口。一级导向牌信息密集，上面应有校园地图、分区图、校园建设大事记、导向信息，放于人流密集区域和校园主入口处。

②二级，规划路与分区内道路等。二级双面导向牌有地图和信息导向信息，指示清晰、明了、连续，安置于各分区十字路口。并标注消防等特殊设施的方位。

③三级，建筑物前指示标牌，标识建筑内部单位及建筑物介绍。

④四级，建筑物内部标识。一般包括建筑物总索引或平面图、各楼层索引或平面图、楼内公共服务设施（洗手间、开水间、教师休息室等）标识、出入口标识、公告栏等。

⑤五级，包括建筑物内各个具体功能房间的标识牌和户外的一些具体标识牌，是最后一级导向，如门牌、窗口牌、设施牌、树名牌、草地牌。

其中窗口牌则主要针对学生食堂、校内银行、公共浴室等空间内部的功能性指示牌，设施牌主要指的是公共服务设施中的标牌，如报亭、书店、超市、洗手间等。

（2）其他划分方式

①建筑物标识系统，是指以校园内的功能性建筑物为主的内外标

识系统。学校校园内的主要建筑物是：教学楼、学院楼、图书馆、学生公寓楼、行政办公楼、对外交流场所（报告厅）、食堂、体育馆、医院、工业培训中心等。

此类系统的设计内容主要包括建筑物前导向标牌和建筑物外部（标志）、内部指示（楼层总索引及平面图、楼内公共服务设施标识以及各科室、各教师等的门牌和桌牌等）标识两大部分。

②道路交通导向系统，是指以校园车辆交通、人行交通为主的导向系统。主要包括：校园地图、校园分区图、道路指引标识、道路分流标识等。

③公共服务设施标识系统，是指特定的服务性场所，如：报亭、停车场、洗衣房、书店、活动中心、超市、银行、浴室、开水房、邮局、理发室、操场等的标识系统。

将学校标识导向系统进行分类划分，是为了更好地实现系统性设计，让各种零散的导向标识设计能够系统完整的实现，加强整个学校标识导向系统的整体感，使它更好的被在校师生及其他人认同，更好地方便人们的学习生活工作，更好地体现学校的形象。

学校标识导向系统的设计要素

学校标识导向系统中的导向功能是通过各种导向要素来实现的，系统中各种导向要素通过合理组合，形成一个有机整体。其要素包括：标识图形、文字、色彩。

（1）标识图形。

标识图形是相对抽象的标记符号，设计的最终目的是信息传达的准确性。其设计方法与标志图形的设计方法类似。但作为校园特定环境中的应用要素还应该具备清晰直观、简单易懂、使用无障碍、世界通用等特点。

①形态上要求符号化。校园食堂的标识图形必须寻求与"就餐"

相联系的简洁符号，尽量做到不用文字表述就能让人迅速识别的效果。这也符合标识通用通识的要求。在各类机场、高铁站等公共场所中的标识图形形态设计较好，可以从中寻找规律。

②内容上要求物化。图形内容的选择应该是以物为主的，比如简化的人形、具体物象的简图等，从视觉传达的角度讲，只有物化形才能较直观的识别，辨识度也较其他抽象内容更高。

③风格上要求与环境协调。由于标识图形主要应用于建筑物外观、导向标牌等位置，在设计时就有必要考虑其设计风格的协调性。协调性讲究的不是风格的完全一致，而是在神态上有某种呼应关系，只有这种在对比中的统一才能使二者和谐。

（2）文字。

文字是导向系统中出现频率较高的要素，作为标识的辅助辨识工具，文字在学校标识导向系统中的使用有如下要求：以母语中文为主。中文的使用必须按照国家标准简化字规范。

文字表述简洁，简写规范，避免出现错字和别字。与其他外国语言同时出现时，中文的位置应靠前或处于上方；兼顾其他语言人群的需要。辅助识别标识的文字语言种类不应超过三种，英文是首选的外文文字；字体易于辨认。无论中英文或其他语言文字，要以常规、通用通识的印刷字体为首选。如中文的黑体、宋体，英文的等线体等。

（3）色彩。

色彩是导向系统中首先引起视觉注意的要素，标识给人留下的第一印象主要通过色彩传达。标识的色彩设计要遵循以下原则：考虑选择的色彩搭配的典型性，尽量符合学校 VIS 规范；充分研究标识配色给人产生的心理效应；考虑标识配色与周围环境的协调性。

学校标识导向系统的设计原则

人们寻址问路最基本的问题就是"我在哪？我要去的地方在哪？

怎么走?"习惯采用传统的"看、听、问、答"的方式,希望得到非常简单直观的解答。

现代学校校园标识导向系统设计要根据总体规划进行功能区划分,采用分级检索、图文的有机结合和实效美观的立体造型进行标识导向设计,以求达到指示清晰、直观、连续的使用效果和统一、融合、人性化的艺术效果。

真正达到使一个从来没有来过该校园的人,依靠布点合理、信息完整、指示明确的标识导向系统,不要询问任何人就能轻松找到目的地。其设计原则主要有以下几方面:

(1)与学校形象系统的统一。

(2)与校园整体形象设计原则相符。建立人流、深圳标牌制作公司车流导向系统,既有独立,又有补充与互相联系,共同构建学校公共信息标识导向系统。

(3)延续校园规划设计理念,与校园景观设计的风格相统一。

(4)分级检索。标识导向系统应由全局到局部,由局部到具体的分级指示,指示清晰、直观、连续。

(5)标识的内容要遵循以人为本,为人服务的原则。

(6)使用的材料要与当地的气候与人文环境相适应。

(7)交通标识牌布点要合理。

(8)符合人机工程学原理。标识牌的尺寸、色彩及文字大小要从人机工程学的角度详尽表述,并给出国家的标准为参照。

(9)车行导向系统标志形状、规格、颜色符合现行的国家《道路交通标志和标线》。

(10)符号文字要符合国际通行的标准,配以英文等外文,适应国际化教育发展需要。

13. 学校标识管理使用办法

第一条　为规范学校标识的使用管理，保护学校权益，制定本办法。

第二条　学校标识，是学校的象征。学校各部门和全体师生应自觉维护学校标识的合法权益。

第三条　学校标识可印记于校内重要建筑物、学校重大活动场所、学校主要出版物和代表学校统一形象的纪念品、印刷品、礼品，以及学校指定用于馈赠交流的其他物品上。

第四条　为防止学校标识被仿冒或滥用，学校授权校长办公室为学校标识管理和使用单位，任何单位和个人未经批准不得以任何形式使用。

第五条　校内各单位需要使用学校标识，应提出书面申请，经校长办公室批准后方可使用。

第六条　校内各单位不得扩大学校校标识的授权使用范围，校外单位无权使用本校的标识。

第七条　对已得到授权使用的单位如发生以下情形之一的，校长办公室可以暂停直至收回其使用授权。

（1）摆放、张贴、造型等出现变形，影响到标识的本来意义；

（2）纪念品、印刷品、礼品等产品出现质量事故；

（3）原申报活动发生变化的；

（4）超过原授权范围产品种类和系列的；

（5）经学校研究认为不适宜的。

第八条　本办法自发布之日起实施。

14. 学校标识的管理规定

第一章　总　则

第一条　为维护学校声誉及合法权益，加强对学校无形资产管理，规范校名、校标识的使用，依据《中华人民共和国商标法》、教育部《高等学校知识产权保护管理办法》，特制定本规定。

第二条　全校师生员工要自觉维护学校权益，自觉保护学校校名、学校标识等无形资产不受侵害。

第三条　校长办公室代表学校对拥有的学校校名、学校标识等履行使用管理职能。

第二章　使用与管理

第四条　学校所属单位或部门在对外从事科研、经济、办学、文化交流等活动中，合作组建有关机构或实体及其它业务需要使用校名、学校标识时，按隶属关系由单位向校长办公室提出使用申请，经校长办公室审核并报主管校长批准。

第五条　如符合下列条件校属单位使用或申请使用校名冠名：

（1）学校直属及其二级独资公司；

（2）以特殊原因拟成立的公司，按个案研究，经主管校长审核后报校长办公室批准。

第六条　各单位不得将校名、学校标识递延使用，三级公司及以下子公司不允许使用校名、学校标识。

第七条　任何单位和个人不得私自以出让校名、学校标识的方式

设立公司或变相作价入股。

第八条　各单位在使用校名、学校标识进行办学、办班、办会时，必须符合学校和国家有关法律、法规，符合学校关于无形资产管理的规定。

第三章　相关规定

第九条　未授权或未经学校批准，任何单位和个人不得擅自使用校名、学校标识进行宣传、做广告及制作、印刷各种物品。在学校校名、校徽注册前已经使用且未经授权或学校批准的，必须立即停止使用，否则学校保留要求其停止侵权和诉诸法律解决的权力。

符合使用条件或学校授权其使用校名、学校标识者，必须遵守国家有关法令法规和学校的规定。

第十条　学校单位或个人与校外企事业单位或个人签订技术合作、技术转让等项目时，遵循以下规定：

（1）除学校批准、并在合同中明确规定可以使用校名、校标识外，合同中使用的校名文字并不包含无偿使用我校校名、标识的权利；

（2）本校签约人必须向合作方或受让方说明，并在协议中明确：校名文字不含使用无形资产的权利；

（3）受让方未经学校批准，不得擅自使用学校校名、标识从事其产品的宣传和销售活动。

第十一条　经学校批准有偿使用学校校名、标识者，按学校有关规定交纳费用，所得收入纳入学校财务。

第十二条　按《学校无形资产管理办法》中规定的归口管理的原则，由归口部门对冠名单位进行跟踪检查，发现问题及时处理。对于盗用学校名誉，擅自使用学校校名、标识制作信封、纸张及各种学习、办公、纪念、生活用品等，归口管理部门有权制止、处罚，甚至诉诸法律途径解决。

第十三条　对于学校同意使用校名、学校标识的单位或个人，使用者必须按照合同或约定执行，校长办公室每年进行一次检查，凡违反学校规定者，取消其使用资格。

第十四条　全校各单位及全体师生员工均应自觉维护学校校名、标识权益，防止学校的合法权益受到侵害。

第十五条　对故意侵害人，学校将严肃查处直至追究其法律责任。

第四章　附　则

第十六条　本办法由校长办公室负责解释。

第十七条　本办法自发布之日起执行。

第三章

学校德育文化的建设

1. 学校德育管理观念

德育与德育管理

学校德育是学校教育阶段推行的道德教育活动，有狭义与广义之分。狭义的德育仅指道德教育；而广义的德育则泛指教育者把一定社会的政治原则、思想观点和道德规范，转化为受教育者的思想品德的社会实践活动，即一种培养学生社会理想人格，造就优秀道德品质，调节社会行为，形成良好社会舆论和社会风气的重要教育活动。

学校德育是教育者通过学科教学以及一系列专门的活动对学生施加综合影响的过程。为了使这种综合影响能符合社会的要求并取得相应的成效，各级教育行政部门和学校组织应当分别从宏观和微观层面上，加强对学校德育的管理。具体来说，就是要根据学校德育的目标和任务以及学校教育和学校管理的总体要求，提出学校德育管理目标、建立德育管理机构、建设德育工作队伍、制定德育管理制度，并且通过对德育实施过程的组织协调和对德育工作的质量评估来确保学校德育目标的实现和德育任务的完成。

德育管理与学生的全面发展

所谓全面发展一般是指学生在德、智、体、美、劳诸方面的和谐发展。德、智、体、美、劳虽然有着自己的独立活动领域，但又是互相联系、互相渗透、互相作用的。其中德育渗透于各育之中，贯穿于各育始终，既为其他诸育提供方向，也为其他诸育提供动力。苏霍姆林斯基曾形象地说："道德是照亮全面发展的一切方面的光源，而同时它又是人的个性的一个个别的、特殊的方面"，"在形成的个性对待周围自然环境和社会环境的态度的体系中始终贯穿着丰富的道德性这一条主导的红线时，学校的精神生活才能成为现实的教育力量。"这就是说，学校中一切活动都应当有德育的意义，德育可以通过各种途径来实现。而学校德育管理恰恰可以通过其计划组织、调节控制、监督检查等诸多手段，把德育与其他各育在活动内容、时间、方法以及物质条件等方面统一协调起来。这样德育的时空领域就大得多，可以使学生在学校的一切活动中都受到德育的影响和熏陶，充分发挥各育的综合影响作用，促进学生的全面发展。

当代中外德育管理审视

第二次世界大战结束以来，世界各国均十分重视学校德育与德育管理，都把抓好德育作为建立社会秩序、安定国民、培养国家需要人才的重要手段。尽管各国在德育目标、内容、方式等方面存在着较大的差异，但是加强德育管理却是一个共同的趋势。以往对学校德育和德育管理重视不足的美国，近些年来也频频对学校德育进行干预。美国在 1960～1980 年间对教育的投资增加了 60%，但教育水平反而下降。里根总统对此在国情咨文中说，他们之所以存在教育问题，并不因为花钱不够，而是因为钱花得不得当。美国人已经深刻地认识到知识与道德是密切相关的，学校有责任像教学生识字、算算术那样认真地对学生进行品德教育。1989 年，美国"课程发展与管理委员会"在深入调查的基础上提出了报告，强烈要求加强学校德育管理，认为德育应与学校整体课程紧密结合，融入整个课程（包括师范教育课程）体系之中，要培养优良的德育师资，还应建立有关联邦、州和地方的统一管理系统。在政府的重视下目前美国中小学内部有了比较健全的德育管理系统，还建立了学校、家庭、社区互相作用的网络系统，并选择了多种特有的德育途径和方法。与此同时，美国不断鼓励德育研究。历经二三十年的努力，他们逐步形成了道德认知发展论、社会学

习论、价值澄清学说、品德教育教程学派等理论和实践。这些研究有力地推动了学校德育的发展，对德育的现代化转型和时代更新发挥了极其重要的作用。

英国也十分重视德育管理。20 世纪 60 年代开始，由于受到进步主义、结构主义等德育观的影响，进行了一系列改革，主张取消正规的德育课程，把德育融于丰富多彩的活动之中，但是这一尝试因与英国传统习俗相去甚远而导致社会混乱。为了改变社会现状，60 年代后期，英国在牛津大学和剑桥大学组织了两个道德研究机构，探索德育新路子。同时，政府在 70 年代财政十分困难的情况下，坚持拨出一笔可观的经费，资助他们的研究。这两个研究机构编写了两套道德教育教材，即供中学用的《生命线》和供小学用的《起始线》，为学校德育做出了贡献。1978 年英国还建立了"社会道德委员会"，并在莱斯特大学成立了"社会道德教育中心"，研制统一的学校德育计划，并开展了大量的研究活动，提出了许多德育新设想。80 年代以来，政府不断强化国家对德育的控制，一次性就投资了两亿英镑，专用于学校德育。以上种种措施，使英国在一定程度上缓解了因学校德育不力而带来的社会问题。

日本是当代发达国家中最重视德育管理的国家。日本用充足的人力物力进行道德教育，二次大战以来形成了系统化的全国德育体系，对日本经济的腾飞和社会的稳定起到了积极的促进作用。日本学校实行统一的德育管理体制，从目标制定、课程设置、教材编写，到实验学校的选定等一系列工作，均由文部省统一安排、审定。这种管理体制保证了德育的一致性和国家意志，使学校德育取得了较大的成效，但也阻碍了学生的个性发展。为了消除这种危害，日本从 1990 年开始，进行了第五次德育改革，重新颁布了中小学德育指挥纲要，强调德育应有助于培养学生创造性的个性，鼓励教师采用灵活多样的教学

76

方法，使德育教学丰富多彩，活泼有趣。另一方面，日本还十分注重家庭、学校、社会一体化的德育管理。1988 年 2 月，文部省在"加强道德教育全国大会"上要求校长发挥组织和领导作用，让家庭、学校和社区各自承担切实可行的教育任务。在日本，德育已成为朝野上下的自觉行动：家有家规，校有校章，公司有公司德行，各行各业都重视德育。可以说，日本的德育是全民德育，日本的德育管理是全民德育管理。

我国学校也十分重视学校德育及德育管理。改革开放促进了我国经济的发展和科技的进步，同时也给学校德育和德育管理带来了前所未有的新课题。面临新的形势，党和政府加紧作出新的部署，1988 年6 月，召开了全国中小学德育工作会议，制定和试行《中（小）学德育纲要》。同年 12 月，党中央又发布了《中共中央关于改革和加强中小学德育工作通知》。这些文件不仅是中小学德育工作的依据，也成为各级教育行政部门对学校德育实行科学管理的指南。1990 年 4 月，国家教委又在《关于进一步加强中小学德育工作的几点意见》中指出，必须切实加强学校德育工作的领导，把做好这项工作作为校长岗位培训的一项重要内容和考核的一个重要方面。1999 年 6 月召开的全国教育工作会议强调，思想政治教育，在各级各类学校都要摆在重要位置，任何时候都不能放松和削弱，在全面实施素质教育的今天，应以德育为核心。在党中央的伟大战略方针指引下，各级党委和政府本着对国家未来高度负责的态度，加强对中小学德育工作的领导和管理，要求学校管理者和各科教师在教育和教学过程中，结合各项活动和教材内容，有意识地对学生进行教育和疏导，教育学生热爱祖国，逐步树立为人民服务的思想，确立为社会主义现代化而奋斗的志向，培养他们具有社会主义道德品质和良好的个性心理品质，并采用生动的形式宣传我国现代化建设和改革开放的成就，帮助学生分清是非，提高

觉悟，自觉抵制封建主义和资本主义腐朽思想的侵蚀。通过近年来的努力，我国中小学德育工作逐步走上制度化、科学化的轨道。

综上所述，在推行现代化进程中，世界各国始终重视学校德育，加强对学校德育的领导和管理，使德育在某种意义上对政权和社会发展起到一定的保障和推进作用。

2. 德育工作的常规管理

德育贯穿于学校教育教学的全过程和学生日常生活的各个方面，在学校来说，这就涉及到德育工作的常规管理。德育工作的常规管理，指的是在德育方面沿袭下来的经常实行的计划、规章制度和固定性的活动。这种常规管理，大多是经过实践检验行之有效的。坚持这种常规管理，有助于保持工作的连续性和建立正常教学秩序。学生德育工作的常规管理，大致有以下几种：

不同年级的常规管理

不同年级，学生的年龄也多有不同，开展德育教育时，侧重点就应有所不同。例如新生——起始年级，刚入校时对一切都感到新鲜，要集中一段时间对他们进行入学常规的训练。要讲校史，让他们了解学校的优良传统，树立主人翁思想，进而热爱自己的学校；要结合新的环境、新的条件，重点讲解《学生守则》和《学生日常行为规范》，使他们一开始就养成良好的行为习惯；要对他们提出切合实际的要求，使他们很快地熟悉学校的生活常规。经验证明，集中一段时间对新生进行训练是必要的，是有成效的。但一定要有准备，要有周密的计划，要搞得生动活泼，能引起学生的兴趣。

中间年级是处于起始年级和毕业班之间的年级，它是个很特殊的年级，也是思想道德容易出偏差的年级。例如初中二年级，既没有入学时那种新鲜感，又没有升学和就业的压力，易出现生活散漫、纪律松弛的现象。据有关部门统计，少年犯罪率最高的是初中二年级。其原因主要是对这个年级放松了管理。因此，不可忽视对中间年级的教育工作。初二有一项常规性工作，即超龄队员的离队工作。随着学生年龄的增长，学生已不满足于少先队的活动，有离队要求。班主任和共青团组织不要简单地处理学生的离队问题，应举行隆重的集体离队仪式，使他们回顾少先队对自己的教育，激发起入团的要求。把离队和建团的工作不失时机地衔接起来，有助于稳定这个年级，使学生对自己提出更高的要求。

毕业班面临着诸多问题，升学、留级、就业、待业，这多向选择使毕业班学生的思想急剧波动，因此，更容易出问题。多年来对毕业班提出要"一颗红心，两种准备"，要"站好最后一班岗"，这些口号当然是对的。但光有口号是不行的，还必须有积极的措施，尤其不能采取错误的做法，如分快慢班、好差班，这样做往往使学生之间的团结出现裂痕，班集体散了，纪律松弛了，好多学生心理出现失衡。因此，要稳定毕业班，最重要的是不要人为地制造各种问题，即不要采取片面追求升学率的错误做法。在这个前提下，"一颗红心，两种准备"的教育，才有可能产生效果。因此，要认真研究新形势下毕业班的思想政治工作。升学指导当然需要，留级、就业、待业指导更需要，因为在相当长的时期内，升学的总是少数。理想前途教育、人生观教育，对毕业班特别重要，但不能空洞说教，要面对现实，不能回避矛盾。青少年是非常看重同窗友谊的。如果班集体健全，可使这种友谊发挥有益的作用，可使同学之间通过谈理想、谈前途，相互之间受到教育。而编快慢班、好差班，损伤了学生们尚脆弱的自尊心，心理失

衡、逆反心理的出现在所难免。

不同阶段的常规管理

学期的阶段不同，学生的思想状态也不一样，因而有些常规性工作需要抓好。例如学期初，学生度过了寒假或暑假，一方面丰富了生活，必有许多好的见闻或体验；另一方面，心还比较松散，需要安定学习情绪。学校领导、班主任和团的组织，要针对学期初学生的特点，收集学生中的好人、好事，或学生耳闻目睹的好风尚，组织交流，用学生中的生动事例来教育学生；同时要及时调整组织，通过民主程序改选学生干部，提出新学期的要求。抓好学期初的思想政治工作，为新学期创造一个良好的开端。

学期中，学生经过半个学期的学习，特别是经过期中考试，德、智、体诸方面都会呈现新的面貌。有的提高得快些，有的提高得慢些，这同学习目的、学习态度、学习方法有关，有必要引导学生自我回顾，找出真正的原因，总结经验教训，迎接下半学期的学习任务。

学期末，学生面临总复习、期末考试、操行评定，多少感到有些压力。感到有压力是好事，说明学生有一定的自觉性。但需要正确引导，例如指导学生正确的复习方法，要学生注意劳逸结合，教育学生正确对待考试和遵守考试规则，正确对待批评与自我批评，特别是要有自我批评精神。

假期到了，学生该轻松了，但学校的德育工作不能放假，对学生在假期中要有明确的要求。例如教师布置的假期作业（作业量要严格控制）要认真完成；要读有益的书，不要看坏书；要慎重交友，自觉抵制资产阶级的腐朽思想和坏习气；生活要有规律，不要暴饮暴食；既要善于约束自己，又要发展个人的爱好特长；要注意交通安全等等。寒暑假比较长，学生离开学校的教育时间太长，思想道德容易出现偏差，学校要及时与家庭密切配合，共同作好学生假期思想道德教育。

各种常规教育活动的管理

所谓常规教育活动是指思想政治教育中各种固定性的活动，例如校会、班会、各种形式的纪念活动等，这些活动开展得好，可使学生受到深刻教育。

以班会为例，班会一般每周举行一次，由班主任负责组织。一个学期要组织十几次班会，每次开班会的主题是什么？用什么形式？其中大有学问。事先要有周密的计划，要跟班干部商量，甚至多数班会应由学生主持。如果临时凑些内容，这样的班会难以取得实效。有的班主任组织的班会，寓教育于活动之中，开得很活跃，学生乐于参加；有的则枯燥乏味，学生感到厌烦。关键在于事先是否有充分的准备。

再如，各种形式的纪念活动。我国有教育意义的节日很多，开展节日纪念活动，对青少年进行思想政治教育有很大的帮助。如清明节、劳动节、青年节、儿童节、教师节、国庆节、元旦，还有香港、澳门回归周年纪念日、×××诞辰纪念日等等。只要准备充分，形式多样，能吸引学生参加，就可取得效果。有的活动开展得好，能给学生一辈子留下深刻的印象。

常规管理是按事物发展规律而进行的一种管理，是一个学校正常运转不可缺少的管理。学校的每一位教职员工都要积极投身于这种利在当代，功在千秋的事业中去。

3. 德育管理的组织

确立目标

德育管理目标是各级教育行政部门和学校组织为实现学校德育的

目标和任务，所确立的一定时期内德育管理活动的质量规格与标准，它是德育管理的灵魂。

学校德育管理目标与学校德育目标是两个既密切联系而又各不相同的概念。德育目标是制定德育管理目标的重要依据，而德育管理目标则是为实现德育目标而服务的。一般而言，德育管理目标是一个由目标系统、目标考评系统和目标保障系统所组成的目标管理系统。目标系统是建立德育目标管理系统的前提，有空间和时间之分。空间体系是一组目标项目构成的整体，通过它能反映一所学校的任务和德育目标的相互关系，起着指导德育工作的作用。时间体系是指长、中、短期目标建立起来的目标时序网络，主要反映目标随时序变化的规律和要求，起到使目标相互衔接和按时序控制的作用。目标考评系统是为检查、考核、评价德育管理活动的绩效而建立的，包括考评制度、考评标准和方法、考评结果的处理。德育目标保障系统是指为保证学校德育目标的实现而建立的组织制度、方法措施、资源分配等工作。

组建机构

学校德育管理是一个多因素、多方位、多层次，复杂而多变的系统工程。要使各部门、组织和人员为同一目标协同动作，必须科学地设置管理机构和层次，确立它们的职权和相互关系，组成健全而高效的管理体系。这样才能使各组织、因素和成员都处在一个统一的系统之中，有领导有控制地协同动作，才能发挥整体功能，保证共同目标的实现。

校内德育管理机构落实学校的德育工作，首先要建立健全校内的德育管理机构。当前，凡是中小学实行校长负责制的国家，普遍都建立了以校长为核心的德育管理机构。比如有的国家学校内专门指定一名副校长主管学生品德教育，或专设一名训导主任管理学校德育工作。还有的国家则由班主任全面负责班级学生的德育工作，组织学生开展

各种品德教育活动，协调师生之间，学校与家庭、社会之间的各种关系。同这些国家相比，我国学校有更加健全的校内德育管理机构。我国中小学的校内德育管理机构一般由以下成员组成：校长（或分管德育的副校长）、党支部书记、教导主任（或政教处主任）、政治教研组长、团委书记、工会主席、少先队辅导员、班主任代表、教师代表等。其职责是：定期分析研究思想政治教育的情况，制定计划，统一部署，统一指挥，协调校内外关系，督促检查各方面的工作，及时总结经验，组织交流，帮助全体成员提高理论水平和工作水平，确保有效地完成德育工作。在校内德育管理机构中，校长自然是中心人物，他要全面负责学校的德育工作。党支部是党在学校中的基层组织，其主要职责是保证监督党的教育方针政策在学校中的贯彻落实，支持校长工作，管好学校党的建设，并通过党员的先锋模范作用，影响和带动广大教职工做好德育工作。教导处（或政教处）是管理学生德育工作的职能机构，主要职责是协助校长组织领导德育工作，抓好校风、校纪，组织全校性的思想教育活动，定期召开班主任会议，研究问题，探索思想教育的规律。政治教研组长和班主任是学校德育管理工作的直接组织者和实施者，具体负责学校德育工作计划的贯彻落实和学生思想品德考核、评定工作，肩负着德育管理的重要任务，承担着大量细致的工作。共青团、少先队、学生会是学生的群众组织，通过这些组织所开展的活动，能更好地使学生受到民主集中制教育和自觉纪律教育，从而增强自治、自理的能力，培养独立生活能力。

学校与社会相结合的德育管理网络近些年来，世界各国都致力于德育管理的网络化，政府、学校、家庭、社会机构在德育管理中结成一个相互作用，不断协调的网络体。之所以这样做，是因为人们普遍认识到，德育管理是全面的管理，片面强调某一点，都不能取得理想的效果。如美国有些学校曾一度批判德育教学存在形式主义倾向，声

称放弃德育的知识教学，采用间接方式进行品德教育；然而经过几十年的实践，发现这样做不行，于是又不得不开始恢复德育教学，而且通过学校、家庭、社会各种教育力量的有机组合，形成一个多维结构的德育整体网络，全方位合力共管，以达到教育影响的一致性。近年来，我国中小学也逐步建立起校外德育管理机构，主要有家长委员会和社区教育委员会。家长委员会是学校实施家庭教育指导的组织。社区教育委员会一般由学校所在乡（村）、镇（街道）或学生比较集中的单位的代表组成。其主要职责，配合学校组织学生参加各项社会活动，负责学生寒暑假生活和农忙假活动的管理工作，争取公安部门、地方政府和村民委员会的支持配合，同干扰学校正常教学秩序，危害学生的坏人坏事作斗争。我国的社区教育机构还不够健全，如何搞好社区德育管理尚在探索之中。

参照国外德育管理网络体的格局，我们认为，我国的德育管理体制还有待于进一步完善，具体做法可以考虑：建立中央领导下的学校一体多元德育管理体系，国家教育部、省、市、县教育部门以及镇和学校都设立相应的管理机构，由专人负责，中央各部委直属行业也应设置，加强政府对学校德育工作的指导，并以强大的政府手段推行新的学校德育体系。同时，应建立完整的地方德育管理机构网络，使学校、家庭、大众传播媒体等作用一致。当然，在学校、家庭、社会三者之中，学校是德育管理的专门机构，应成为整个网络的支点，有效地发挥辐射功能。

组建队伍

学校德育队伍是指校内能对学生思想品德产生影响，并负有对学生进行思想品德教育职责的所有人员。包括学校领导、班主任、政治教师、其他学科教师以及学校的图书、实验、后勤等方面的职员和职工。现代管理学原理和德育实践已经充分证明，抓好德育队伍建设，提高队伍的质量是发挥德育管理效能的重要基础和保证。从管理的角度考虑，德育队伍的建设一般应从以下四个方面入手。

第一，思想建设。所谓思想建设是指通过组织理论学习、讨论交流、工作实践等途径，统一德育工作者的认识，使他们树立正确的德育思想，掌握先进的德育理论，懂得德育工作的一般规律，并遵守有关的政策和法令等。

第二，组织建设。为了保证德育工作队伍的数量和质量，学校需按一定标准选拔德育工作人员，按一定程序做好任免工作。而要做到这一点，学校领导首先要熟悉、明确国家教育领导部门对各级各类德育工作者任职条件的规定。如教育部对中小学班主任工作的暂行规定，对校长、班主任职责的规定等，然后按一定程序选好各级德育人员。

第三，培训提高。为了提高德育工作者的德育能力和水平，国家教育领导部门需要制订德育工作培训规划，明确规定培训要求，制定培训制度。各级各类学校及教育行政部门需根据上级指示做好各级德育人员的培训进修工作，在时间、内容、途径、方法、要求上要根据培训对象的特点，不同层次的要求和实际需要及可能条件，灵活掌握，讲求实效。除此之外，还应通过组织他们听取有关的讲座、报告，组织校内的专题研究会和经验交流，吸收他们参加各种教研、科研活动，鼓励他们发表文章、著书立说等，促使他们百尺竿头，更进一步。

第四，考核评定。做好考核评定也是一个重要环节。考核的内容和标准既要符合国家对各类人员的职责要求，又要符合实际情况。考核的方法要科学，考核的结果应该归档，作为选拔、任免、评优晋级的依据。

如果学校从上述几个方面重视了德育队伍的建设，就能逐步提高队伍成员的德育管理水平，增强他们的责任感和事业心，使他们成为德育管理的内行。

制订制度

德育管理制度是为实现德育目标，要求师生员工共同遵守的行为准则，是保障德育组织机构运行的重要手段，其作用在于以明确的要求和严格的约束条件规范学校德育工作和成员的行为，以建立正常的德育工作秩序，并培养师生员工高尚的思想道德行为和良好的学习和工作习惯，为优良校风的形成奠定基础。

我国学校德育管理制度的内容多种多样，从纵向看有两个层面，国家颁布的法令、法规和学校自订的规章制度。国家的法令、法规是从全局出发的，具有指令性；学校自行制订的规章制度有些是根据上级颁布的法令、法规的精神所制定的实施细则，有些是为解决学校内部问题而拟定的，具有针对性。学校领导者对此要统筹安排，使之相互协调，不能厚此薄彼。从横向看可分三个类别：第一是职责类制度。职责类制度将学校的每一项德育工作落实到个人，人人都有确定的岗位，事事都有专人负责，从而保证了德育工作的有序性；第二是常规类制度。常规类制度一般根据学校师生在校内外不同活动场所而制定的日常行为规范和学习、工作、生活准则。就学生方面来说，常规类制度主要有《学生守则》和《学生日常行为规范》；第三是考核奖惩类制度。考核制度是根据职责类和常规类制度中的要求来制订的，奖惩制度是对考核结果给予肯定或否定的评价制度，两者相辅相成，体现了管理法规的严肃性和有效性。

德育管理制度确定好了，并不能自行产生作用，它的意义在于有效地去实行。正如马克思所说的："一步实际运动比一打纲领更重要。"学校管理者在贯彻执行过程中应注意加强宣传，启发自觉；严于律己，率先垂范；及时检查，经常督促；反复训练，培养习惯。唯此，才能真正体现德育管理制度的作用和意义。

4. 德育工作管理的范畴

学校德育工作管理，主要要抓好三个系统的管理。

政治课和各科教学

我们在前面的章节中已知晓，学校德育在小学指思想品德教育，在中学即指思想政治教育。实际上"政治教育"这一称呼并不准确，而应改为"公民教育"，因为现在小学的思想品德课和中学的思想政治课的内容，几乎都是一个合格公民应该具备的知识。作为社会主义国家，我国开设这门课程的主要目的是使学生有良好的思想品德和各种正确的行为习惯，树立自己对社会的责任感，将来成为合格的社会主义公民。我们应该让学生在走上社会之前，知道作为一个合格公民有哪些权利和义务，因此，中学思想政治课改名为公民课更符合实际。不仅要改名，还要改实，改革教学方法和考试制度。人们普遍承认，长期以来，政治课威信不高，原因是教学内容、教学方法、考试制度和师资队伍，都存在不少问题。要使政治课真正发挥思想政治教育的作用，必须在上述方面来一个大的改革。

在教学内容方面，要改变过去脱离学生实际的弊端，应根据学生在不同年龄和学习阶段的思想、知识、心理发展的特点来进行。小学阶段主要配合语文、历史、艺术课和课外活动的内容，以生动的形象，由近及远地进行以"五讲四美"和"五爱"为中心的社会常识和社会公德教育，指导学生从小培养良好的思想品德和正确的行为习惯。在初中阶段，要进行道德、民主和法制、纪律教育，进行社会生活和社会主义建设常识的教学，使学生逐步养成爱国主义、社会主义的人道

主义的道德品质和高尚的审美情趣，了解和遵守社会主义民主、社会主义法制和民主集中制的原则，树立遵守法律和纪律的观念，树立自己对社会的责任感和义务感。在高中阶段，要进行初步的经济学和其他社会科学的教育，使学生正确认识人生的意义以及个人和社会、权利和义务、主观和客观、自由和必然、幸福和牺牲、革新和传统、理想和现实等一系列相互关系，初步学习运用马克思主义的观点、方法分析和观察社会现象。在初中和高中的最后一年，要安排必要的时间对学生讲授职业生活知识、职业道德、劳动纪律、劳动安全的教育，并使学生有各种机会直接参加各类职业生活的访问和实习。

在教学方法方面，要一改现在"填鸭"式的、学生被动接受的教学现状，可尝试一下启发式教学。要善于引导学生通过自己的学习和思考来提高认识，寻求问题的答案。要强调从学生实际出发，运用各种合理的方法手段调动学生的学习积极性和主动性，使学生勤于用脑，善于思考，自觉努力地获取知识，培养学生分析问题和解决问题的能力。讲课应当用丰富而生动的事实来引出和论证有关的观点，而不能简单灌输抽象的概念。

在考试制度方面，改革一直在如火如荼地进行着，但成效却不显著。改革主要以政治课学习成绩的考核为中心展开。有段时间只看卷面成绩，完全不看学生的品德表现；有段时间只看学生的品德表现，完全不看卷面成绩，政治课评分成了操行评分；有的主张以卷面成绩为主，参考平时表现；有的主张以平时表现为主，参考卷面成绩，至今各种尝试仍在进行着。考试的主要目的是检查学生对所学内容的理解程度、接受程度和运用能力。学生的学习成绩应当结合他们的考试结果和平时的学习运用情况来制定。德育学科的最大特点是和品德表现密切相关，其他学科没有这个问题。因此，只看卷面成绩不看平时品德表现，或只看平时品德表现不看卷面成绩的做法都与这门学科的特点不相符合。问题是两者如何结合，使学生心服口服。这同考试题目也很有关系，如果试题都是死记硬背的东西，判定成绩时便无法结合学生的平时表现。因此，这门学科是考试好还是考查好，值得考虑。总之，考试制度必须改革，如何根据它的特点来进行改革，值得认真研究。

在师资队伍方面，需要调整一下不合理的教学安排格局，因为有很多学校不重视政治课，经常安排什么课都不能胜任的教师教课，还有学校的政治课由领导干部兼教，专任教师很少，这就不能不降低这门学科的教学质量。政治课既是社会科学课，又是思想教育课，任课教师不仅要掌握一定的马列主义理论，具有多方面的知识，善于做人的工作，而且要言行一致，思想品德好，政治觉悟高。如果滥竽充数，这门课便不可能发挥思想政治教育的作用，而且会降低这门课的威信。

要重视政治课教师的培养提高。对政治课教师阅读文件应予照顾。根据规定，凡是党员、校长可以阅读的文件和可以听的报告，原则上也应让政治课教师享受这种待遇，并向政治课教师中的非党员传达。要积极培养、及时吸收符合条件的政治课教师入党。在订购报纸、杂志、资料等方面，对政治课教师要优先照顾。

各科教学也是进行德育的重要途径。这在前面的小节中已有论述，这里就不再多讲了。

班主任工作

班主任是全班学生的教育者、组织者和领导者，是学生学习、生活的引路人。班主任的工作，对保证本班的教育质量、对学生世界观的形成，起着极为重要的作用。因此，学生德育工作的组织和管理，必须紧密依靠班主任。无数事实说明，班主任工作做得好，"乱班"可以变成好班；班主任如不得力，先进班可能转化为落后班。因此，学校领导必须十分重视班主任工作的管理。

（1）要帮助班主任制订工作计划。如果是新班主任，在帮助其制订工作计划之前，应要求他们深入调查了解学生的个人和家庭情况，尽可能走访每个学生的家庭，摸清本班的特点和存在的问题，然后从本班的实际出发，提出一学期或一学年要做哪些工作，要达到哪些具体目标。对老班主任，则要在原有基础上提出新的要求，订出新的目标。

（2）要指导班主任建立一个优秀的班集体。班主任是一个班的组织者和领导者，是一个班的学生的引路人。班主任要着重培养学生的自治能力，使全班有个好的班风。很多优秀班主任的经验表明，班主任必须从接受任务的第一天起，就围绕如何建立一个优秀的班集体而开展活动。一个优秀的班集体应该具备这样几个条件：要有共同的奋斗目标；要有共同遵守的行为准则，除《学生守则》、《学生日常行为规范》外，还可以从本班的实际出发，自订几条；要有学生骨干形成的核心；要有民主作风。好的班集体建立起来了，就会有好的班风。好的班风，是一种能发挥巨大作用的无形力量。它不仅能促使全班学生奋发向上，而且在转变后进生方面有潜移默化的作用。这种作用往往超过教师对学生的个别教育的作用。

优秀的班集体建立后，班主任还要注意在引导班集活动时，要结合学生的年龄特征、兴趣爱好、思想品德教育等进行，使学生在快乐中受到教育。

（3）要组织班主任学习教育学、心理学，使班主任掌握思想教育工作的规律，懂得青少年的心理特点。班主任的业务能力和管理水平，要通过实践来提高，也要通过学习和研究来提高。有的班主任满腔热情，想把工作做好，但由于不懂教育科学，往往事与愿违。因此，要强调了解学生、研究学生，这是对学生进行思想教育的基本功。不仅班主任要这样做，学校领导也要这样做。苏联著名教育家苏霍姆林斯

基说："对儿童的个性进行科学研究，这是对学校和教师集体进行科学领导的重要条件之一……没有对儿童的了解，就没有学校，就没有教育，就没有真正的教师和教师集体。"他号召教师研究儿童，同时以身作则，带头研究儿童。他用了15年的时间，观察与研究"后进生"和"调皮学生"的心理状态和情绪表现，以及这些表现跟教师采取的教育方法之间的联系。我们要把思想教育工作建立在科学的基础上，就必须在班主任中倡导这种作风。

还有一点也值得提倡，那就是组织全国、全省（市）、全区优秀班主任交流、学习各自的成功经验，再结合本校、本班的实际情况，提高自己的业务能力和工作水平。

共青团、少先队、学生会工作

共青团、少先队、学生会能够给学校党组织和行政对青少年学生进行德育提供有力的帮助。通过这些组织开展活动，是德育的一个重要系统。这个系统的最大特点是学生参加自己组织的活动，自己教育自己，自己管理自己，能更好地受到民主集中制教育和自觉纪律教育，从而增强自治、自理能力，培养独立生活能力。抓好这一系统的工作，要着重注意以下几点。

（1）明确性质任务，明确相互关系。中国共产主义青年团是中国先进青年的群众组织。共青团在学校的主要任务是组织团员和青年学习团的基本知识；组织各种有教育意义的活动；教育团员努力学习，在学校各方面发挥模范带头作用；动员和组织团员和青年参加必要的社会活动、公益劳动、文体活动和课外科技活动；领导学校少先队工作；加强团的组织建设和思想建设。

中国少年先锋队是中国少年儿童的群众组织，是学习共产主义的学校。儿童年满七岁，提出申请即可入队。少先队组织的主要任务是以共产主义思想教育少年儿童、组织开展适合少年儿童特点的教育活

动，引导他们"好好学习，天天向上"。

学生会是全体学生自己的组织，主要任务是协助学校开展有益于学生学习的活动；协助学校组织学生值日（或值周），推动学生自觉遵守《学生守则》、《学生日常行为规范》和学校各种规章制度；协助共青团、少先队办好墙报、黑板报，做好宣传工作；组织学生开展文娱、体育活动；协助学校打扫校园，搞好清洁卫生评比工作。

明确这些组织的性质任务，就是为了能够更好地"各司其职"地发挥各自的作用。

此外，还要明确团、队、会与学校的党组织和行政的关系以及它们相互之间的关系。学校共青团是在学校党组织领导下开展工作的。由于共青团的许多活动，与学校的行政工作关系密切，因而共青团应该接受学校行政的指导，配合学校行政开展活动。各班的团支部，也应该接受班主任的指导，在工作上征求班主任的意见，即使班主任不是党团员，这样做也是必要的。

少先队是在学校共青团领导下开展活动的。少先队大队辅导员是学校编制以内的干部，相当于副教导主任，由校长委派或指定。小学各班班主任，多兼中队辅导员。

学生会在学校党组织、行政和上级学联的领导下，在共青团的帮助下开展活动，主要由学校党组织具体领导。班会是全班学生的学生会，班会里设班委会，委员由学生民主选举产生。班会由班主任具体领导。明确这些关系，有利于统一认识，协调工作。

（2）充分发挥团、队、会的辅助作用。各校团、队、会的作用，有的发挥得好，有的发挥得不好。发挥得不好的学校，除了领导不够重视、干部不得力以外，还有以下一些原因：一是对团、队、会的性质、任务没有弄清，对它们之间的关系没有弄清，以致各行其是，互相干扰；二是没有按照团、队、会的特点来开展工作，有的统得过死，

有的放任自流。

团、队、会是学生自己的组织。对团、队、会的工作，既要加强指导，又要敢于放手，决不能包办代替。学生自己的活动，就应该放手让学生自己去策划、组织、运作，让他们在活动中增强体验，接受教训，增长见识和才干。教师、团干部和辅导员的责任，是充分调动学生的积极性和主动性，让学生动手动脑，锻炼才干，培养集体主义的作风，培养为公众服务的好思想。

团、队、会的活动如果开展得好，就会最大限度地发挥对德育的辅助作用。因为这些活动，是学生自己教育自己、自己管理自己的教育形式，比之由学校或教师出面组织的活动，别有一番情趣。这些活动，对于培养学生的民主作风、团结友爱的班风，对于发展学生的智力，都有积极的意义。

（3）关心、培养学生干部的成长、成才，提高他们的工作能力。学校的团、队、会要成为朝气蓬勃、积极向上的组织，一批责任感强、热心为同学服务、不计个人得失的学生干部的作用必不可少。学校领导要关心这些学生干部的成长，对他们的工作给予具体指导。要教育他们善于处理学习与工作的矛盾，使他们懂得在学校学习期间，担任一定的社会工作，就是学习如何为人民服务的本领，对自己的成长大有好处。要教育他们认真履行职责，处处以身作则，做遵守《学生守则》的模范。要定期评选优秀学生干部，并给予表彰。学生干部以一人一职为宜，对于学习有困难或身体不好的学生干部要及时予以调整。

学生干部要定期轮换，不要搞"终身制"。这样做的好处是：第一，能使更多的同学受到锻炼。从学生毕业以后情况看，担任过干部和没有担任过干部的学生，在组织能力、独立工作能力方面大不一样，不应该只让少数学生接受这种锻炼。第二，能减轻学生干部的过重负担。实行轮换制，可以避免有的学生担任学生干部时间过长，而影响

到学习和其他方面的发展。第三，有利于对学生进行民主教育。学生干部应通过选举产生，使学生亲身体验民主程序，从而培养民主作风。"终身制"不仅不利于进行民主教育，而且会使少数学生产生优越感。建设高度的社会主义民主，是我国的根本目标和根本任务之一，我们应使青少年从小就受到民主教育和民主的训练，因此，轮换制的施行是一项非常必要的民主教育和民主训练。

5. 德育管理的实施

学科渗透德育管理

教学是学校工作的中心环节，是对学生实施全面发展教育的最基本的途径，因而也是向学生进行道德教育的主渠道。各科教学的内容，教学过程的安排，教学方法的使用，教师自身的人格修养都蕴含着丰富的道德因素。这些教育因素对学生良好的道德品质和行为习惯的养成具有潜移默化的作用。但是教材里蕴含的德育因素，需要教师去挖掘、提炼，并通过教学对学生加以启发引导，才能达到学科渗透的效果。

原北京马厩胡同小学特级教师关碎曾介绍这样一个教育案例：自然课的现场教学，组织孩子到动物园参观。孩子们参观猴山时，发现老猴子抢小猴子的东西吃。于是，孩子们问老师：老猴子抢小猴子的东西吃，您说对吗？关老师当时准备回答，但仔细一想，觉得这里有很深的哲理，需要进一步研究。回校后，她组织学生讨论，同学们发言很踊跃，但是多数人认为老猴子不对。最后关老师作了总结，她说：动物之间抢东西吃，这是动物的生存竞争，属于动物的本能，无所谓

好坏。而人，特别是社会主义国家的公民，要讲尊老爱幼，提倡社会主义公德。听了老师的讲解，孩子们受到了深刻的教育。几十年过去了，老师的教导仍然铭记在学生心中。

这便是一个生动的例子，教师在自然课教学中巧妙地、不失时机地对学生进行了历史唯物主义教育。这样的渗透教学做到了科学性和思想性的有机结合，给学生留下了深刻的印象。然而，学科渗透工作是一项复杂细致的工作，教师必须付出创造性的辛勤劳动，才能收到预期的效果。学校领导者应当从管理的角度做好以下三项工作：

（1）强化教书育人的职业道德。做好学科的渗透工作不仅需要各科教师的共同努力，更需要领导部门的正确引导，作为学校领导要认真做好宣传教育，努力强化教师教书育人的职业道德。把说在嘴上，写在纸上的"教书育人"切实装到教师的心里，使教师自觉地站在育人的高度进行学科教育，在传授知识的同时，教会学生做人。

（2）提高各科教学的教育效果。提高各科教学的教育效果，首先要设立管理"教书育人"的专门机构，明确有关人员的职责和权利，"使一定的人对所管的一定的工作完全负责"。这个机构的成员可由主管德育的副校长和教导主任，主管教学的教导主任以及各科教研组长组成。其职责是：开展经常性的研究活动，商量实施计划，制订具体方案，使教书育人工作落到实处。比如：组织各科教研组长和教学骨干，在认真学习德育纲要和各科大纲的基础上，对各门学科的教学内容和形式进行分析，发掘和提炼蕴含在其中的德育因素，归纳出各学科、各章节或单元的"渗透"，并发给有关教师，要求他们在制定教学计划，备课，上课等环节中参照执行。其次，学校可从教学角度出发明确提出渗透德育的要求、渗透教学是难度很大的课堂教学，某门课程的教学能手未必就是渗透德育教学的能手。提高教师的渗透能力，取决于领导者的组织与引导。领导者在指导教师教学时，不仅要阐明

道理，而且要教给教师渗透的方法。必要时，还可对教师作专门的培训。第三，要重视政治课教学的管理。由于中小学政治课具有其他学科教学不可替代的德育功能，因此，学校特别重视政治教研组的建设，不仅要选派好教研组长，而且要重视对全体政治教师的指导和培养，以保证政治课的高质量和有效性。

（3）建立评估和激励机制。为了鼓励广大教师教书育人的积极性，提高他们渗透德育的创造性，教育行政部门和学校要建立相应的评估和激励机制。对评价范围、条件、内容和要求、程序、规格与待遇等，要作出明确的规定。在教学管理中，要认真做好考核评定工作，将教师渗透德育的水平和效果作为教师教学水平高低的标志之一。考核结果载入业务档案，并把评估结果与职称晋升挂起钩来，使得教师的育人成绩得到社会和学校的认可和奖励，从而调动教师的积极性，促使渗透教学向更深的领域发展。

德育活动的管理

学校德育活动是学校德育的重要途径，是学生思想品德获得充分、全面发展的必须。活动能满足青少年的心理需求，能为他们提供一个施展才华的好机会，能为他们开辟一个进行思想对话、感情交流、建立友谊的好场所，使学生在不知不觉中愉快地接受教育。一般认为，学校德育活动管理主要体现在下列三个方面：

第一是做好德育活动的规划工作。荀子曰："积土成山，风雨兴焉；积水成渊，蛟龙生焉；积善成德，而神明自得，圣心备焉。"这一观点，在一定意义上揭示了人们思想品德形成的规律。依据这一规律，学校德育活动的设计应体现有序性原则。根据学生年龄特征、知识范围、紧密联系政治课的内容进行精心设计。

学校领导者需对学生的现有发展水平进行深入的了解，并对学生的最近发展作出准确的判断，将活动的水平定位在学生正在形成，刚

刚在成熟，刚刚在发展的区域内，这样才能具有教育的价值。每次活动内容之间最好有连续性，可把每个学期作为一个阶段。每个阶段的活动有铺垫、有高潮、有发展。在活动的安排上应坚持以学生为主体，要充分考虑学生的需要和兴趣，并且还可以适当吸收学生共同参与德育活动的规划。

第二是给以人力、物力的保证。学校德育活动有多种多样，就我国学校为例，主要有政治教育活动、课外活动、校外活动、社会实践活动、团队活动、学生活动以及经常性的校会、班会、各种纪念会、庆祝会等。这些德育活动的开展，均由学校管理者对人、财、物、时间、空间、信息进行科学的组织，使德育活动的开展目标一致、行动协调，并取得预期效果。

第三是对德育活动加以指导。强调活动的自主性并不意味着否定老师的指导，学生的活动必须是自由、自主的活动，旨在表明学生的道德发展，道德学习是一个主动摄取，积极为之的过程，而不是一个任由外部塑造，被动接受的过程，在于表明教师在学生的活动过程中不应起支配控制的作用，而应起指导作用。适当的指导易使活动产生成效，满足学生的成就感；反之，易放任自流，降低学生的成就感。因此，学校德育活动应由专人负责，学校领导者应亲自参加活动，根据各种活动的不同特点加以指导和管理。

学校与家庭的合作

唯物辩证法认为，研究任何一种现象必须考虑与之有联系的各种因素，青少年学生的道德教育也是如此。青少年学生的思想品德不是与生俱来的，而是在家庭、社会、学校三者的教育影响下形成和发展起来的。虽然，学校教育在三者中起着主导作用，但是家庭、社会在学生思想品德的形成和发展中的作用也是不容忽视的。学校不能完全控制和掌握青少年学生思想品德形成的全过程，必须取得家庭和社会

的配合，才能达到预期的目标。而家庭教育在青少年学生思想品德的形成过程中具有打基础和定向的作用。这是因为家庭是学生的第一所学校，父母是学生的第一任老师，在儿童早期的社会化过程中，父母对子女的影响一般大于其他人的影响，这是由血缘关系、物质生活依附关系，以及朝夕相处、潜移默化等特殊关系所决定的。因此，学校和家庭应成为理想伙伴，学校可通过多种方式与家长取得联系。如：组织家长学校，设立家长联谊会，进行家庭访问，建立家庭联系手册等，通过这些方式加强学校与家庭的合作。使学校教育与家庭教育形成一个有机的整体，统一步骤、协调行动、保持教育影响的一致性，以便提高学校德育的有效性。

6. 德育管理的评估

德育评估的指标体系

德育评估是学校德育管理过程的最后一个阶段，它是在目标实施的基础上，对其成果作出客观评估的管理活动。德育评估包括对学校整体德育工作的评估和学生个体思想品德的评估。因为只有既考评了学校的德育工作，又考评了学生的思想品德，才能全面总结德育管理的经验教训，促进德育工作的开展和学生品德的成长。

学校德育是在教学工作和校内外活动中进行的，是通过各种形式来完成的。没有一定的德育工作过程，也就没有德育工作效果。因此，评价学校德育工作，应采取过程评价的方法。首先要考察分析德育工作状况，并确定评价指标。比如：党组织是否加强对德育工作的领导，学校行政领导是否像关心教学工作那样关心德育工作，教师是否自觉地做好教书育人工作，课外、校外德育活动是否符合教育目的总要求，是否形成社会、家庭、学校立体教育网等。在考虑评估德育工作状况的基础上，然后评估德育工作效果，并把两者结合起来，这样才能形成一个完整的评价结论。对德育效果的评估，从定性与定量的结合上，可建立如下指标：通过一个阶段的教育，是否使学生的政治思想水平、道德认识水平有了明显提高，大多数学生政治、品德课的考核成绩达到优良以上；通过德育工作能否使 95% 以上的学生政治觉悟不断提高，初步形成共产主义的世界观和人生观，热爱社会主义祖国，拥护党的路线、方针、政策；整个学校是否形成了积极进取，奋发向上的进步风尚，学生中的团员、队员的比例是否逐年增加，优秀班级和优秀学生的数量和质量是否不断上升；学校各项规章制度是否健全，学生是否自觉遵守，整个学校的学习风气是否浓厚，学生的学习成绩是否普遍上升，教师职业道德水平是否有明显的提高；90% 以上的学生是否形成了良好的道德行为习惯，具有勤奋学习、热爱劳动、遵纪守法、爱护公物、勤俭朴素、尊老爱幼、待人诚恳、助人为乐的精神，违犯校纪校规受到各种处分的学生是否降到 1% 以下等等。在评价项目指标设定之后还要确定每项指标的权重。

学生个体的思想品德评估指标的设定，应以教育行政部门颁布的学校思想品德课教学大纲、学校德育大纲、学生日常行为规范和学生守则等为主要依据，借鉴国内外品德测评的有关内容和指标体系，根据中小学生的特点，概括、归纳出最能反映学生道德面貌的、基本的、具体的行为，建立科学、可操作的测评指标体系。

德育评估的定性与定量

在德育评估活动中，究竟应当采用定性的方法还是定量的方法，常常成为人们争论的焦点。下面的案例就反映了两位校长对德育量化评估的不同看法。

　　某区教育局召开德育工作研讨会，就德育的量化评估问题进行了认真而热烈的讨论。会上，A校长介绍了本校实行学生品行量化评分管理的大体做法：我校自1996年9月以来，把量化作为一项德育管理措施，对学生的品德进行检查记分。评定一个学生的操行，一方面看他是否遵规守纪，另一方面看他参加了多少次活动，做了多少件好事。在评分过程中，我们采取了自评与互评，校内评与校外评相结合的方式。通过测评，学生不仅知道了"该怎么做"，而且知道"为什么要这样做"的道理。自评、互评不但提高了学生的道德认识水平，也增强了学生的道德判断能力。通过家长、社会的评分和学校最后定分的反馈，促进家庭、社会、学校教育的配合。我校坚持两年多来，学校的各项德育工作开展得轰轰烈烈。上个学期全校大小活动开展了100多次，好人好事有700多件。通过评分活动，违纪现象大为减少，严重事件得以杜绝，校风、班风大为改善。事实证明，进行量化管理对学校德育工作开展是有积极意义的。

　　B校长就A校长的介绍发表了自己不同的看法。他认为，从效能来说，实行量化管理，并与奖罚、升学挂起钩来，这对于刺激学生遵规守纪和使学校风气好转等方面的作用特别灵，而且操作简单，省时省力。但是学校是育人的场所，考察一项教育措施的效果不仅要看它在某一具体问题上的成就，更重要的是看它对于实现培养全面发展的"四有"新人这一最终目标有多大的促进作用。大量事实表明，由于"量化"实际上只重视行为结果的评分，并不注意学生的行为过程，因而导致了一些学生投管理者所好，不择手段地争取高分，想尽办法躲避低分，而德育评价的教育作用并没有真正得到发挥。所以我认为这是一种有悖于学校整体培养目标的短期行为，作为一项德育管理措施是不可取的。

　　实际上，德育的定量化评估和定性化评估各有利弊。所谓定量化就是把学生操行通过评分产生的具体的"数"记载下来，一定数所积累的"量"，能比较客观地反映出学生道德水平和行为发展的情况，因而它能比较有效地克服定性评估中经常出现的"表现一般"、"较好"、"有较大进步"等随意性比较大的评语。同时又能为以后的奖罚、升学提供比较精确的参考依据。此外，"量化"中所出现的"量"，还能激发学生道德动机的产生，从而促使学生能比较自觉地矫正不良行为，使得学风、班风能在较短的时间内发生较大的变化。但是由于"量化"得到的分数有时会与学生实际思想品德状况不一致，因而就很难发挥它作为评价应有的选择、导向、激励和教育作用。更何况学校开展德育活动，不能仅仅强调开展了多少次活动，做了多少件好事，结果得了多少分，还应该去分析那些活动是在什么样的情况下开展的？动机怎样？活动的质量如何？是否有利于学生思想品德的提高？只有定量和定性的有机结合，才能对德育活动作出客观公正的评价。因此，德育评估正确的做法应当是定量与定性的有机结合。

理想德育还是现实德育

评价学校德育管理的质量，还应该评价它的内容安排是否遵循德育工作自身的规律，即是否处理好理想的德育和现实的德育之间的矛盾。

学校思想品德的内容是由互相联系、互相渗透的道德品质、政治态度和世界观等构成的。而这些构成因素在人的道德发展的不同阶段，其构成情况是不一样的。一般说来，处于学龄初期的儿童，道德品质乃是构成思想品德内容的主要因素。随着儿童身心发展和教育影响，到了学龄晚期，理想信念、人生价值等逐步成为思想品德中的核心成分。这些带有规律性的发展变化，既表现了道德发展的多水平，又表现了道德教育的连续性、阶段性。根据这一规律，教育部门一方面要按序组织德育内容；另一方面要按照螺旋式循环的方法安排德育内容。

101

下面这一案例就很能说明问题。

国家教委基础教育司德育处孙处长在天津市河北区红光中学德育工作年会上指出：德育工作是有规律可循的。学生学习文化知识是由低到高逐步提高的，德育工作也应该这样。然而，长期以来，德育工作中存在的问题是"上下一般粗"，"文革"中达到登峰造极的地步。一份中央文件，上至中央的几级干部在学，下至中小学生在学。最有本事是我们的老师，谁都不敢讲的东西，我们老师还要站在课堂上讲。这个问题现在并没有解决。

例如，在每年学习雷锋活动中，"助人为乐"这四个字用得最多，但同志们思考过没有，它是什么样的教育内容和要求？"助人"，是帮助别人的意思；"为乐"，是以帮助别人为自己的快乐的意思。显然，这是道德内容里的最高境界，它涉及一个人的世界观、价值观等。有没有人能做到？有！雷锋。但对大多数人来讲，只能是努力的方向。能否降低一点，变为"乐于助人"！"乐于助人"就是愿意帮助别人，高兴帮助别人的意思，能达到这一点要求并不低，现实中很多人可以做到，但也有不少人做不到。能不能再降低点，变为"应该助人"！因为每个人作为社会的人存在，都需要别人的帮助，而每个人又都有帮助别人的义务。在现实生活中还有最低层次的要求，即"不妨碍别人"，你可以不帮助别人，但你不应该妨碍别人。有人说这条低了，我认为并不低。假如，大多数的中华人民共和国公民，在社会生活中都遵循着"不妨碍别人"的原则，那么，社会就会发生巨大的变化。我考察日本的时候，在 15 天中多次乘坐过地铁。来来回回那么多趟，我没发现一起让座的事儿，哪怕是一位弯腰、负重的老太太就站在年轻人旁边，那些年轻人连看都不看一眼，所以我没看出日本人道德水平有多高；但我也没发现一起大姑娘、小伙子拨开众人抢座位的现象，所以也不能说日本人道德情况很差。在那里，人们未必去帮助别人，

但似乎人人都遵循着"不妨碍别人"的原则。这样做，在一个人多、车多的社会里就能秩序井然。

以上道德要求被分成了四个层次，对学生的教育自然要从最低的层次开始。要教育学生在社会生活中时时想着"不妨碍别人"，做到这点并不够，还要要求他们"应该助人"，进而要求他们"乐于助人"，并向着"助人为乐"的方向努力。

孙处长的分析给我们的启示是：第一，教育过程是一个从低到高、由浅入深、循序渐进、不断发展的动态过程，要从最基本的抓起，逐步提高。第二，教育内容要考虑学生的接受能力和行为能力。第三，要掌握不同教育过程发展的"度"，低了，不足以调动学生的积极性，高了，做不到，也伤害学生的积极性。学校德育管理者明确了这三点道理，也就能处理好现实德育与理想德育之间的关系。

德育研究的开发与深化

德育研究的开发与深化是评价工作的一项后续性活动，它是开启德育现代化、科学化大门的钥匙。学校德育管理的任务毫不例外地是使所有人的研究才能和创造才能都发挥出来并结出丰硕的果实。这就要求教育部门进一步重视德育研究的开发与深化。近几十年来发达国家一直十分重视这项工作。如前所述，美国、英国等国家在理论和实践方面都取得了很大的成果，使学校德育工作走上了理论化、科学化的轨道。国外成功的理论研究给予我们以下几点启发。

（1）解放思想，创造宽松氛围。我国学校德育研究比较落后。由于受传统德育框架的束缚和"阶级斗争理论"的干扰，很长一段时间内，学校德育仅停留在注释上级指示和领导人讲话的格式上。20世纪80年代以来，德育科学研究才受到人们的重视。经过近十几年的努力，我国初步提出了德育大纲，有力地促进了新时期学校德育的发展。为了繁荣学校德育研究，我们应当创设宽松的研究氛围，把德育研究

活动与政治区分开来，鼓励人们大胆探索，发挥独创精神。

（2）积极倡导新的德育观。面对时代的激烈变革，世界各国都在积极探讨适应新时期社会经济、文化发展的价值观和道德伦理，从而修正传统的道德价值。对我国来说，倡导有利于社会发展，符合民族传统的新价值观也是非常有意义的。

（3）加强对受教育者的研究。目前西方国家都十分重视这方面的研究。日本、美国所提出的有关价值观、开拓意识、注重交际等标准，对学校德育都产生了直接的作用。相比之下，我国这方面的研究比较薄弱，虽然也取得了不少成果，但基本理论研究比较缺乏，还没有形成具有独特理论色彩的学术流派。因此，我们必须建立德育实验基地，研究学生品德发展的规律，探讨未来人的道德形象等。

（4）建立起科学研究队伍，加强对德育科学研究，开展广泛的实验活动，并建立专家咨询机构，辅助学校开展相应的德育规划，而政府对德育的重大决策，都需经过专家的反复论证方可实施。

7. 学校德育工作的改进

德育管理是根据一定的德育目标，通过决策、计划组织、指导和控制，有效地利用德育的各种要素，以实现培育人的学校管理活动。随着国际国内形势的迅速发展、变化，学校德育面临着更为复杂的环境和严峻的挑战。形势的发展对德育工作提出了更高的要求，学校德育现状与客观环境的变化不相适应的矛盾明显地暴露出来，德育工作的实际效果远远达不到人们的期望。俗语说："没有知识是可悲的，可耻的"。没有良好的品德是危险的，近年来，屡屡发生青少年学生离家出走，自杀、杀人等等事件，江泽民总书记明确指出："正确引导和帮助青少年学生健康成长，使他们能够德、智、体、美全面发展，是一个关系到我国教育发展方向的重大问题。"可见，学校德育工作的好坏直接关系到新世纪接班人的质量。如何改革和加强学校的德育工作，重振思想教育的权威，使其在新的历史条件下充分发挥培养社会主义事业的建设者和接班人的功能，是深化教育改革过程中，广大实际工作者和理论工作者共同关注和探索的重大课题。更是学校德育工作刻不容缓的首要任务。

当前学校德育工作的背景

社会大环境的变化对德育工作的影响：

（1）经济环境的变化对德育工作的影响。经济体制转轨与学校德育密切相关。学校德育若无视经济环境的变化，关起门来泛谈德育，必然脱离社会生活实际而丧失其活力。经济环境的变化，迫使德育工作者必须认真思考在发展社会主义市场经济大背景下，如何有成效地教育好下一代。商品经济对学生思想品德的形成具有积极和消极的双重效应。青少年学生现在正生活在向市场经济过渡的环境中，又是未来参与人才市场激烈竞争的新一代。

（2）政治环境的变化对德育工作的影响。社会经济的繁荣发展，为社会民主化和个人政治品格的提高提供了条件。政治生活日趋完善和透明，不仅提倡有益的，也允许无害的东西存在。在经济、文化生活中的一些问题不再简单地用"姓社"、"姓资"来裁决，而主要看是否有利于发展社会主义社会的生产力，是否有利于增强社会主义国家的综合国力，是否有利于提高人民的生活水平。在改革开放环境下成长起来的青少年，民主要求和参与意识大为增强，在政治生活中的自主性不断提高，对政治教育的选择性明显增强。

（3）文化环境的变化对德育工作的影响。我国在工业化、现代化

的过程中，由两千年的文化大传统，建国40多年形成的文化小传统和西方外来文化传统构成的现实文化，五颜六色，兼容并蓄，纷繁复杂。社会文化环境对青少年思想品德形成的影响是多方位的，深刻的，在这种丰富的、多元的，复杂的文化环境中，在不同价值观念的矛盾中，如何探求青少年道德成长与文化环境的本质联系，给学生以正确的价值观的影响，帮助他们进行道德选择，将新思想、新观念与封建渣滓、外来污毒区别开来，是学校德育一项严肃而艰巨的任务。

除此之外，我国社会生活的大环境还有许多其他方面的变化，诸如社会心理环境的变化，生活方式和消费方式的变化，人口和家庭结构的变化，就业方式和职业结构的变化，获取信息的渠道与方式的变化等，都不同程度地影响着学校德育工作。

教育对象的变化对学校德育的影响：

青少年学生是学校德育的对象。在改革开放这样一个特定历史条件下成长的一代青少年学生，他们的思想特点也与以往几代的学生不同。

（1）思想开放，道德取向多样化，当代中学生思想活跃，思路开阔，敢说敢想，评人论事不拘一格。他们敢于从不同角度思考问题，求新求异，不崇拜权威。在人生价值道德取向上失去了明确的、统一的导向，出现了多样化、多层次的新特点。在奉献与索取、社会与个人的关系上，大多数学生追求个人与社会利益的统一，无私奉献在当代中学生中已经淡化，甚至难以理解了。

（2）求实求真，注重个人发展和现实利益。是否合乎实际，是他们判断是非的一个重要标准。他们更相信自己的亲眼所见和亲身体验，甚至对于报纸的宣传，学校的教育也持分析和怀疑的态度，然而这种求实求真离开了高尚的人生理想导向时，又难免陷入追求实惠的狭隘天地。

（3）渴望独立，主体意识增强。当代青少年学生独立意识明显增强，这种独立意识表现在许多方面。有人作了如下描述，在思维方式上由求同转向求新、求异；在思想观念上由接受灌输转向独立思考、平等探讨；在家庭生活中，不再把父母教导奉为行为指南，由听从父母转向自己怎么想就怎么办。但是，毕竟他们年龄尚小，涉世未深，独立性很不彻底，在思想上、言论上崇尚主体的能动性，而在行动上却有很大反差，出现独立意识与独立行为的不一致。当遇到挫折或在大是大非面前，往往又表现出很强的软弱性和依赖性。

面对改革开放、复杂变革的社会大环境，面对培养社会主义事业的建设与接班人的高标准要求，面对敏感活跃、对教育选择性强的教育对象，学校德育原有的体制与模式与之不相适应的矛盾和弊端已日益明显地暴露出来，德育工作"低效"的现状也严重地困扰着广大教育工作者。

当前德育工作存在的主要问题

改革开放以来，我们的学校德育工作取得了一定的成绩，但是，目前存在的问题仍然很多，有的甚至非常严重，主要表现在：

（1）重智育，轻德育的现象仍然普遍存在。从小学、中学到大学教育；从家庭、学校到社会教育，都存在这种倾向，在培养人才问题上，学习科学文化知识务实，在思想道德品质养成上放松。认为只要学习成绩好就行，其他方面差点不是大问题，实际上形成了学习好就等于好孩子，好学生的观念。现在做父母的普遍存在望子女成龙成凤的愿望，对其子女的学习是非常重视的，为了使子女学习好，父母不让子女干别的事情，甚至于连生活小事也大包大揽。无形中养成了他们的懒散、娇惯、狂妄、以自我为中心的不良品德。不少的学生进入到中等学校甚至大学后，也表现出自理能力差，自控能力弱，不关心集体、他人，唯我独尊的不良品德。而大中学校的德育教育只侧重传授知识，对学生已形成的不良品德缺乏矫正的手段和措施。

（2）学校德育教育的适应性和实效性差。正如《中共中央关于加强和改进学校德育工作若干意见》中指出的："面对新的形势和要求，学校的德育工作还很不适应。"一是表现为传统的德育具备片面性。传统德育教育大多着眼于学校，并认为学校教育养成一个人终身需要的品格和素质。仅强调学校德育工作具有系统性优势而忽略了存在的诸多不利因素，造成学校德育教育与实际生活相脱离。二是重知识讲授，轻能力行为培养。目前学校普遍把德育工作的重心放在课堂上，教学内容畸轻畸重，过分重视理论教学而忽视德育活动自身规律。三是重灌输轻个性培养。在德育教学中，强调按统一的课程教学大纲和教学计划规定的教材进行教学，过分强调书本知识的科学性、系统性、准确性，忽视德育教育也必须遵循因材施教的原则。而对学生所表现的道德认识实际水平及思想实际状况关心不够，因而削弱了德育的针对性和实效性。四是教学风气不民主。教师"一言堂"普遍盛行，"教师讲学生听，教师考学生背，教师改学生记"的传统模式，很难激起学生主动参与意识。有些教育工作者的教学内容假、大、空，对青少年学生中存在的不少行为问题和心理障碍，缺乏引导和疏通的措施，教学方式简单甚至粗暴，严重地挫伤了学生的自尊心，引起学生的对立情绪，造成学生逆反心理甚至发生严重后果。

现实生活中发生的事件，是对当前德育教育工作存在问题的有力佐证。发生在山西某地几名小学生不堪重负离家出走被冻死野外；在浙江发生的"三好生"也因不堪重负杀害母亲，以及中学生因勒索钱财杀死同学等重大恶性事件，令人触目惊心。这些血的事实告诫我们，学生的德育素质是最根本的素质，是学生素质的灵魂，是学生身心的健康成长与和谐发展的关键所在。残酷的事实使我清醒地认识到，当前实施的素质教育要切实地把德育教育放在首位，要采取有效措施和

加大力度，真正把它作为素质教育的核心来抓。以加强和改进德育工作作为突破口，不断深化改革，认真研究和探索适应社会主义市场经济新形势下，德育教育工作的新思想、新方法、新途径，使德育教育常教常新，不断跟上时代发展的步伐和要求。

加强和改进学校德育管理工作的探究

（1）摆正学校德育工作的位置，建立和健全学校德育管理机制。

众所周知，德育教学不仅传递政治思想道德知识，还传递情感、态度、信仰，还传递各种文化心态和社会风尚等。因此，学校德育工作必须以邓小平理论为指导，全面贯彻党的教育方针，坚持"德育为首"的原则，紧紧围绕全面推进素质教育这个主题，把德育工作融入素质教育的全过程之中。以用科学的理论武装人作为目前德育工作的主线来抓，坚持"三个主义"和树立三观的教育。即要坚持和加强对青少年学生进行爱国主义、集体主义、社会主义的思想教育，帮助他们树立正确的世界观、人生观、价值观。同时，要加强马克思主义唯物论和无神论教育，加强民主法制教育；加强民族自尊、自信、自强、自主的理念，旗帜鲜明地反对拜金主义、享乐主义和个人主义。

学校德育是多方位、多因素、复杂多变的系统工程，需要设置德育工作的管理机构，组成合理的，高效能的管理系统，德育管理总是在一定组织中进行的，为了全面贯彻落实党的教育方针，真正让德育工作处于学校一切工作的首位，学校要重抓组织制度的建立与健全。以学校党、团、队组织领导成员为核心，成立学校德育工作领导小组，具体负责德育。同时，每学年均应讨论制定《德育工作计划》和《德育工作评估方案》，结合班主任月评工作，坚持全校性的德育工作总结评比，奖优罚劣，弘扬正气，从根本上克服那种德育工作说起来重要，做起来次要，忙起来不要的被动局面，保证德育常抓不懈、内容常新。

（2）研究制定科学的，具有层次性和稳定性的德育目标体系。

德育目标，即德育培养目标，是德育中培养人才的具体规格和总体要求，是德育工作者在德育工作过程中，把社会对人的政治素质、思想素质、道德素质、心理素质的规范要求转化为受教育者应达到的政治思想、品德、品质、个性心理诸方面的目标和规格。我国当代德育目标都划分为幼儿园、小学、中学、大学等不同阶段。以政治、思想、道德、心理为不同要素。在实际制定各阶段德育目标时应以马克思主义为指导，把"社会本位"与"个人本位"科学地统一起来，使德育目标既满足社会发展的需要，又适应个体思想品德的充分发展的需要。

德育目标的制定，更要具有一定的层次和序列。所谓德育目标的层次，是指同一目标，在不同级次，学校，班级的德育过程中，具有高低不同的要求，形成符合学校、班级实际的标准。所谓德育目标的序列，是指把同一目标中的不同层次，按其高低的不同要求，顺序形成一个承前启后的体系。德育目标的层次和序列是密不可分的，层次是形成序列的要素，序列是层次的系统化。过去学校德育由于缺乏既定的目标与序列，德育工作经常跟着形势任务转，难于形成学生完整的，系统的思想品德。

当前我国幼儿德育目标应重点抓好道德启蒙教育，培养最基本的文明语言，认知和行为能力，重视个性心理教育；小学德育目标要强调"五爱"、公民道德和行为规范的养成，强调品德能力；中学阶段的德育强调政治方向、态度和马克思主义观点。因此，当前学校德育目标应有两大特征：横向，政治方向—思想觉悟—道德品质—心理品质的一体化；纵向，行为规范—公民道德—道德品质—世界观、人生观的系列化。

由此，学校的德育管理必须要注重中小学德育目标的整体设置及

其层次性和阶段性，从而提高德育的有效性。

（3）贴近社会现实，贴近学生发展需要，拓展德育内容的新领域。

德育的优良传统是必须继承的，但决不可简单照搬，时代发展了，环境变化了，教育对象不同了，要求我们在坚持传统德育内容时，必须紧密结合现实生活的实际，赋予新的时代精神，才能为当代青少年所理解和接受。事实上，就某一项德育内容来说，也随着时代的发展进步，在不断地充实与发展，需要理清其新的内涵和相适应的方法。

加强中小学生日常行为准则和规范的教育

现时的行为规范教育应以国家教委最近新修订颁布的中小学生日常行为规范和学生守则为主要内容，并进行其他的有关遵守公德，礼仪常规，遵守法制和遵守学校各项规章制度的教育。主要内容有：

（1）自尊自爱，注重仪表，这是对个人品德、仪表及生活方式等方面的要求，也是个体自身最基本的文明行为规范。

（2）真诚友爱，礼貌待人。这是人际交往中的文明礼貌要求，是人际交往过程中最基本的要求。

（3）遵纪守法，勤奋学习。这是学生在学校集体生活和学习方面的要求，是在学校中最基本的文明行为规范。

（4）勤劳俭朴，孝敬父母。这是在家庭生活方面的行为要求，是在家庭中最基本的文明行为规范。

（5）遵守公德，严于律己。这是在社会生活和公共场所的行为要求，是社会生活中最基本的文明行为规范。

注重爱国主义、集体主义、社会主义教育

（1）、爱国主义教育一直是我国学校德育的重要内容之一，实施爱国主义教育应全方位、多渠道，各种教育载体和实施途径在内容上相互包容，在形式上相互交替，逐渐形成爱国主义教育的整体网络。

对青少年的爱国主义教育要立足于情感、认知、行为综合化的观点之上，就是说要将爱国情感引导到理性高度，从爱国之心产生爱国之志，进而做出报国之举。

爱国主义教育的内涵要进一步扩大，使青少年不仅对祖国的历史和现实有所认识，还要对他们进行国情教育和国家命运发展的战略目标教育。增强他们的忧患意识，培养他们的历史感和社会责任感。

进一步加强爱国主义教育的针对性，增强现实教育题材的比重，强调学生的社会参与体验，将祖国期待和发展统一起来。

要因地制宜建立爱国主义教育基地，使那些可歌可泣、丰富多彩的革命传统在今天的爱国主义教育中焕发出新的光彩。

（2）、集体主义教育是中小学德育内容中贯彻始终的核心内容，爱国主义和社会主义是集体主义的扩展。

提倡集体主义并不否认个人利益。正当的、合理的个人利益应该受到照顾，得到满足。教育学生正确认识处理个人、集体、国家利益三者的关系。

当今的青少年特别强调个性的发展，在我们进行集体主义教育的时候，不要一般地反对个性发展，要正面引导学生，学校教育的目的，就是要使受教育者的个性得到全面、自由地、充分地发展。

集体主义观念的形成，需要通过实践活动，可以组织学生开展学雷锋、为集体做好事的活动，天长日久地坚持下去，对于形成学生集体主义观念有决定性意义。

（3）、在新的形势下，社会主义理想教育显得更加迫切需要。这是因为在这个时期，学生们对资本主义世界发达的一面和我国社会落后的一面看得比过去任何时候都要更加清楚。因而在青少年中产生了对中国走社会主义道路的疑虑和实现共产主义的怀疑，这就要求我们必须十分重视对青少年进行有成效的方向道路和理想的教育。

（4）根据社会的发展，我们还应从前沿性的意义上，及时发现德育内容的新的增长点，拓展德育内容的新领域。例如：心理健康教育，职业准备教育、环境教育等。

讲究科学的德育教育方法

学校对学生进行德育教育的方法问题，是理论研究与实际工作中一个亟待解决产问题，学校进行德育教育，要讲究科学性，要围绕德育教育建设的基本目标，贯穿在所有的智力因素和非智力因素的培养中。

（1）理论教育法。学校德育，重在建设，从怎样做人育人，提高整个中华民族的道德水平出发，分阶段、分层次制定出理论教育的长远目标和具体方法步骤。小到中小学生的日常行为规范，大到高等学校马列主义基本课程，都体现出充分的理论方法，但是理论教育方法并不是空洞的，单纯的，灌输的，而应该是与讨论法、辩论法、案例法等形式的结合，应该是生动活泼的，学生喜闻乐见的，让学生在愉快的理论教育中得到道德的升华。

（2）集体活动法。组织各种有益有趣的活动，对青少年学生进行德育教育，这是多年被德育的实践所证明过的有效方法。

（3）行为践履法。引导学生把自己所学到的知识运用到社会实践活动去，在服务与社会的同时，锻炼自己，提高自己的道德水平。如：最近几年共青团中央，国家教委共同倡导的大中学生暑期社会实践活动就是行为践履法的最好例证。

（4）情感体验法。有计划，有目的组织学生到艰苦的环境中去生活，如参加长途拉练，参加劳动，在贫困地区过暑假等活动，使学生亲自体验生活的艰辛，珍惜今天的幸福生活，此种做法无论国内国外都普遍受到重视和欢迎，搞得最好的是日本。

（5）利用课堂学科教学进行德育渗透法。课堂教学是向学生进行德育教育的最基本的途径，对培养学生的道德品质具有重要作用。因此，无论哪个年级，都必须注意培养良好的学习态度、学习习惯和良好的意志品格，促使学生养成文明行为习惯。根据年级的不同特点，利用教材联系学生身心发展的实际、认知程度、状况，着重培养学生的道德情感，提高学生的道德认识和道德判断能力，进行文明礼仪和传统美德教育的渗透。如，历史课教师结合爱国英烈的悲壮事迹，进行生动具体的爱国主义教育。语文课采用引导学生入情入境、激发情感、领悟道理。教师通过文中的人、景、物、事，把学生引入美的境界中，使他们产生共鸣，在感情感染下，油然乐其乐，悲其所悲，爱其所爱，憎其所憎。其他各学科也要坚持"文道统一"，充分发挥课堂教学这一德育渠道的作用。

（6）创设校园文化环境，浓厚德育氛围。俗语说："近朱者赤，近墨者黑"。环境育人，是德育工作的重要形式。良好的校园文化氛围，有利于学生高尚品德和文明习惯的养成。基于这一认识，学校德育管理要坚持抓好校园文化活动。如：每周一次的升降旗与晨会；每周一次的团队活动；每周每人为集体或他人做一件好事；班级每月召开一次主题班队会等。另外，学校充分利用广播、板报等媒体宣传校内好事新风，抨击不良习气。还有学校、班级的国旗、校训、班训、名人名言、警示牌统一制作统一格式，统一张贴。校园花草树木要修剪整齐、排列有序；校内卫生保持洁净，环境优雅等。

构建校内外德育网络，形成"三位一体"德育体系

少年儿童品德的形成和发展是日常生活、学习中发生的长期的过程，必然受到学校教育，家庭教育、社会教育各方面的影响，这三方面的因素相互联系，学校德育管理要努力创造学校教育与家庭教育、社会教育相互配合的德育条件，形成德育网络，这对学校德育工作成败至关重要。

学校、家庭、社会教育的有机结合，有利于实现整个教育在时空上的紧密衔接。同时相互补充，有利于增强德育的整体效益。学校、家庭和社会教育，不仅占领时空不同，而且在教育的内容、方法、途径上也各具特色，不可相互代替。学校教育在导向明确、组织严密、遵循教育规律、通过集体进行教育等方面有很大的优势；家庭教育，由于教育者与受教育者的血缘关系而带有强烈的感情因素，父母身教和个别施教的方法，有利于发展青少年的个性。但家庭教育受家长素质的制约，存在随意性、自发性等特点，甚至有某些负面效应，需要及时加以引导。社会教育以社会为背景和场所，天地广阔，更有利于青少年接触社会、发展多种兴趣爱好和特长。但社会教育中，积极影响与消极影响共存，难以控制和筛选，学生在学校受到的教育常常会受到社会上流传的截然不同的利益观，价值观冲击，致使学校教育失效，甚至出现"学生在校进一步，回到家庭退两步，到了社会退三步"的现象。学校、家庭、社会教育"三位一体"网络的建立，有利于三方面的教育力量、增进彼此的了解，取得教育思想上的共识，在导向一致的前提下，协调合作，向青少年一代实施社会化的综合教育，积极创造一个有利青少年身心健康发展的良好环境，全面提高学生的素质。

提高学校德育管理者的素质，发挥教师的表率作用

教师作为"人类灵魂的工程师"。对学生来说，教师是学校里最重要的角色，在学生心目中，教师是大家公认的道德、是非的公正裁判，教师的一言一行，学生都会看在眼里，印在脑中，潜移默化地感染着学生，有位教育家说过："教师的人格力量是任何教科书、任何道德箴言、任何惩罚和奖励制度都不能替代的一种教育力量。"枯燥空洞的说教对如今日趋早熟的学生来说已不起作用，特别是中学生，他们都有一定的独立思考能力，他们更在意的是老师的"做法"而不是"说法"，这就要求我们教师要有较高的道德修养，处处以身垂范。

学校德育管理一定要坚持全面贯彻党的教育方针，严格遵循教育规律。我们只有清醒地认识到影响当前学校德育工作的因素和德育实际中存在的诸多问题，切实地把德育工作放在学校工作的首位，贯穿到教书育人、管理育人、环境育人、服务育人的全过程，认真研究和探索适应社会主义市场经济新形势下，德育教育工作的新思想、新方法、新途径，才能使德育教育常教常新，不断跟上时代发展的步伐和要求。

8. 学校德育工作管理条例

指导思想及管理任务

加强德育思想管理，树立正确的德育工作的指导思想；建立德育管理系统，健全德育管理的规章制度；加强德育工作队伍建设，提高德育管理水平；探索德育管理规律，改进德育管理方法，提高德育效能；创造各种德育条件，优化德育环境。

（1）德育目标。提高整个中华民族的思想道德素质，培养学生初步具有爱祖国、爱人民、爱劳动、爱科学、爱社会主义的思想感情和良好品德；遵守社会公德的意识和文明行为习惯；良好的意志、品格和活泼开朗的性格；自己管理自己，帮助别人，为人民服务和辨别是非的能力，为学生成为有理想、有道德、有文化、有纪律的社会主义公民打下初步的思想品德基础。

（2）管理结构。本着学校、家庭、社会三结合的教育原则，成立本校德育管理网络。

德育领导小组职责

（1）定期分析研究学生的思想品德情况，根据上级的要求，德育大纲和学生思想实际，制定全校性德育工作计划，统一部署，把学校内部各组织、各部门对学生的教育要求统一起来。

（2）把校外教育机构、家庭、社会对学生的教育与学校教育协调统一起来。

（3）组织力量实施德育工作计划，制定有关德育工作的管理条例，规章制度，监督德育活动的时间，提供德育活动所需的经费和物质条件。

（4）监督、检查各方面进行德育的状况，总结典型经验。每年组织德育工作考核、组织交流研讨、帮助和提高德育工作人员的思想、工作水平。

（5）做好全体教职员工的思想工作，树立德育工作人人有责的思想，要以身作则，教书育人。

（6）不断研究和掌握学校德育工作的规律性，及时做好德育工作的总结、评价工作。

德育处职责

（1）协助校长组织领导全校的德育工作，参加制订德育工作计划，落实德育领导小组有关决议和措施。

（2）协助校长选配下一层次德育工作人员，组织、监督、协调和指导年级组和班主任的德育管理工作，负责召开年级组长、班主任会议，研究德育工作中的问题，交流情况和经验。

（3）根据学校德育工作计划，负责组织全校性的各项教育活动。

（4）加强对思想品德课教研组的领导管理，充分发挥他们在德育中的作用。

（5）指导少先队工作，指导班主任做好学生品德评定工作，以及

评选三好学生和优秀班集体的工作。

（6）协助校长做好班主任、年级组长考核评定工作，对学生实施奖惩条例。

（7）负责德育队伍的理论培训，指导开展德育科研活动。

（8）做好学校德育工作的档案管理工作。

年级组德育工作职责

（1）组织本年级班主任落实学校德育工作计划。加强年级的常规管理工作。

（2）调查研究本年级学生的思想动态，根据学生思想情况组织年级性教育活动。

（3）组织年级组教师根据本年级的德育工作要求，把德育工作寓于课堂教学之中。

（4）检查本年级贯彻《小学生守则》和《小学生日常行为规范》的情况，协同班主任做好学生的思想品德教育工作。

（5）指导本年级学生干部的培养教育工作。

少先队的任务及辅导员的职责

（1）少先队的任务：

团结教育少年儿童，继承中国共产党的革命传统，立志建设现代化的社会主义强国，勤奋学习，锻炼身体，培养爱祖国、爱人民、爱劳动、爱科学、爱社会主义的好品德和诚实、勇敢、活泼、团结的好作风，使少年儿童成长为在德育、智育、体育、美育诸方面都得到发展的共产主义接班人。

（2）少先队的辅导员工作职责：

根据学校德育工作计划及上级团委的指示精神制定出全学期大队部工作计划。期末有工作总结。

经常了解少年儿童的思想、品德、学习、健康、生活等情况，配

合学校设计和开展各种生动活泼的队活动，把思想品德教育寓于各种活动之中。

培养少先队干部，训练好五支队伍：

①鼓号队：有良好的素质，有严密的组织纪律性，有精湛的演奏水平；

②大队干部：有较强的组织、管理能力，有对工作高度负责的精神，在队员中起表率作用；

③小安全队：有铁的纪律，有过硬的基本功，有吃苦耐劳的精神，有全心全意为人民服务的思想；

④学校值日队：有良好的道德行为习惯，有敢想、敢说、敢管的主人翁意识，有对工作认真负责的态度；

⑤小记者队：有鲜明正确的是非观，有善于观察勤于思考的良好习惯，有热爱工作的责任心。

配合学校搞好校园文化建设：橱窗、画壁、黑板报每月更新一期，红领巾电视节目每周一期，队日活动、队报展出双周一期。

安排组织每周一的集体升旗仪式。

指导中队辅导员开展工作，经常了解中队辅导员的工作情况，定期召开会议，组织学习，讨论工作，交流经验。

中队辅导员（班主任）工作职责

（1）根据学校德育、大队部工作计划，结合中队实际制定出学期工作计划。期末写好班级工作总结。

（2）有明确的班集体建设目标、特色中队建设目标，指导学生定好个人目标，记载好《班主任工作手册》。

（3）学习、贯彻《小学生守则》、《小学生日常行为规范》，培养学生具有良好的道德品质和行为习惯，校内做好学生，校外做好少年。

（4）经常了解本班学生的思想、品德、学习等情况，不失时机

地、有的放矢地做好学生的思想教育工作。

（5）学习用科学方法管理班级，重视心理研究，摸索出一套科学有效的管理方法。

（6）经常与学生家庭保持联系，新任班主任第一学期普遍家访一次，连任班主任每学期家访不低于全班学生的二分之一。

（7）全面了解学生，做好个别后进生的教育工作，建立和形成良好的班风，关心和爱护异常行为的学生和特殊家庭的学生，对后进生有帮教措施，建立学校联系本和后进生档案。

（8）培养小干部，定期开会，共同商讨工作，指导他们开展班级管理工作。

（9）搞好班级文化建设：中队黑板报每月一期，中队队报双周一期，红领巾角双月更换一期，建立图书角，张贴班风标语、榜样像、名言录等，布置规范、美观。

（10）学生操行评定每学期一次，以《纲要》《规范》为依据，在广泛听取个人、学生及各科老师意见的基础上，写出评语，记入学生成绩册。

（11）建立班级社区活动基地，设校外辅导员 1~2 名，并配合校外辅导员每学期组织开展社区活动 1~2 次。

（12）上好每一节班队课，主题活动要主题鲜明，形式多样，活泼，每月一次，并有书面活动方案。

（13）管理好班级财产，课桌椅、墙壁、橱、柜、门窗等处，无刻画、无涂写，座位整齐，窗明几净，一尘不染，同时要节约用电。

（14）配合副班主任，科任老师做好学生思想教育工作，搞好各科教学，提高教学质量。

（15）培养学生的自理、动手能力，建立个人卫生小岗位，配合学校完成每月一次的小主人当家活动。

（16）六年级要协助一年级出好中队黑板报、中队队报，并主动关心帮助他们搞好环境卫生。

副班主任工作职责

（1）主动参与班级一日常规管理，使学生养成良好的习惯。协助班主任做好各项活动的筹备、组织、管理工作。班集体开展活动时到班组织学生，管好安全、纪律。

集体活动包括：升旗仪式、课间操、班队活动、家长会及各种外出活动等。

（2）协助班主任做好学生的思想教育工作。经常与学生谈心，了解学生思想动态，随时随地对本班学生进行思想品德教育和心理疏导、协助班主任处理班级偶发事件。

（3）协助班主任指导学生做好卫生值日工作。维护本班清洁卫生。

（4）如遇班主任外出学习、请假，副班主任要立即全面负责班级管理的各项工作。

（5）其他突击性、临时性工作协助班主任完成任务。

（6）保持与家庭的联系，每学期家访量不少于班主任的四分之一。

（7）在工作上与班主任互相支持，工作效果好，工作关系融洽。

家长学校委员会职责

（1）协助学校办好家长学校。

（2）及时反馈家长的建议和意见，在家长与学校间起桥梁作用，为学校献计献策。

（3）有对家长和社会进行宣传和教育的责任。疏通教育渠道，促进学校、家庭、社会形成的教育合力。

（4）积极做个别家长和后进学生的思想教育工作。

家长学校委员会具体分工：

名誉校长、顾问：在办学目标、办学特色上给予重视、关心、指导，全年参加家长学校活动不少于1～2次。

校长：规范家长学校，办学特色上给予指导及把关，检查计划、实施、总结。

副校长：制定全年授课计划、组织、联络、实施、总结。

委员：协助组织、联络、实施，协助出谋划策，总结、报道。

社区教育委员会职责

（1）根据学校工作计划制定出年度社区工作计划，每年召开一次社区教育年会，研讨社区教育工作。

（2）把社区范围内的教育力量组织起来，动员社区各单位主动承担起社区教育的任务，提供活动基地，配备活动指导者，确保每班一个社区活动基地，每学年开展活动2次。

（3）优化社区教育环境，组织学生开展内容丰富的公益劳动，参观学习和社会服务活动。

（4）组织本地区退休老师、干部以及热心社区教育的人士参加并指导学校德育活动，协助学校建好一支校外辅导员队伍。

（5）寒暑假配合学校组织学生开展健康有益的读书活动，影评、书评活动及娱乐活动，使学生真正离校不离教。

9. 中小学德育工作规程

第一章 总则

第一条 为加强中小学德育工作，依据《中华人民共和国教育法》及有关规定制定本规程。

第二条　德育即对学生进行政治、思想、道德和心理品质教育，是中小学素质教育的重要组成部分，对青少年学生健康成长和学校工作起着导向、动力、保证作用。

第三条　中小学德育工作必须坚持以马列主义、毛泽东思想和邓小平理论为指导，把坚定正确的政治方向放在第一位。

第四条　中小学德育工作要坚持从本地区实际和青少年儿童的实际出发，遵循中小学生思想品德形成的规律和社会发展的要求，整体规划中小学德育体系。

第五条　中小学德育工作的基本任务是，培养学生成为热爱社会主义祖国、具有社会公德、文明行为习惯、遵纪守法的公民。在这个基础上，引导他们逐步树立正确的世界观、人生观、价值观，不断提高社会主义思想觉悟，并为使他们中的优秀分子将来能够成为坚定的共产主义者奠定基础。

第六条　小学、初中、高中阶段具体的德育目标、德育内容、德育实施途径等均遵照国家教育委员会颁布的《小学德育纲要》、《中学德育大纲》施行。

第七条　中小学德育工作要注意同智育、体育、美育、劳动教育等紧密结合，要注意同家庭教育、社会教育紧密结合，积极争取有关部门的支持，促进形成良好的社区育人环境。

第八条　中小学德育的基本内容和基本要求应当在保证相对稳定的基础上，根据形势的发展不断充实和完善。

第九条　德育科研是中小学德育工作的重要组成部分，应当在马列主义、毛泽东思想和邓小平理论指导下，为教育行政部门的决策服务。

第二章　管理职责

第十条　国务院教育行政部门负责制定全国中小学德育工作的方

针政策和基本规章，宏观指导全国的中小学德育工作、校外教育工作、工读教育工作。

第十一条　国务院教育行政部门和省级人民政府教育行政部门应设立或确定主管中小学德育工作的职能机构，地市级和县级人民政府教育行政部门根据本地区的实际，设立或确定主管中小学德育工作的职能机构，也可由专职人员管理。

第十二条　各级教育行政部门要充分发挥德育科学研究部门和学术团体的作用，鼓励德育科研人员与教育行政管理人员和中小学教师密切合作开展课题的研究，还要为德育科研人员参加国内外学术交流活动创造条件。

第十三条　各级教育督导部门要定期开展中小学德育专项督导检查，建立切实可行的德育督导评估制度。

第十四条　中小学校的德育工作应实行校长负责的领导管理体制。中小学校长要全面贯彻教育方针，主持制定切实可行的德育工作计划，组织全体教师、职工，通过课内外、校内外各种教育途径，实施《小学德育纲要》、《中学德育大纲》。

第十五条　普通中学要明确专门机构主管德育工作。城市小学、农村乡镇中心小学应有一名教导主任分管德育工作。

第十六条　少先队和共青团工作是中小学德育工作的重要组成部分。中小学校要充分发挥少先队和共青团组织协助学校开展思想政治教育工作的作用。

第十七条　中小学校应通过书面征询、重点调查、访谈等多种方式了解社会各界对学校德育工作的评价以及学生毕业后的品德表现，不断改进德育工作。

第三章　思想品德课和思想政治课

第十八条　思想品德课、思想政治课是小学生和中学生的必修课

程。思想品德和思想政治课的教材包括：课本、教学参考书、教学挂图和图册、音像教材、教学软件等。

第十九条 国务院教育行政部门指导思想品德课、思想政治课课程建设；组织审定（查）思想品德课、思想政治课教材。

第二十条 地方各级人民政府教育行政部门，具体指导思想品德课和思想政治课的教学工作，贯彻落实国务院教育行政部门颁布的课程教学计划、《课程标准》。各级教学研究机构中的思想品德课和思想政治课教研员具体组织教师的培训工作、开展教学研究和教学评估，帮助教师不断提高教学质量，有计划地培养骨干教师和学科带头人。

第二十一条 中小学校必须按照课程计划开设思想品德课和思想政治课，不得减少课时或挪作它用。中小学校要通过思想品德课和思想政治课考核，了解学生对所学基本知识和基本理论常识的理解程度及其运用的基本能力。

第四章 常规教育

第二十二条 中小学校必须遵照《中华人民共和国国旗法》及国家教育委员会《关于施行 < 中华人民共和国国旗法 > 严格中小学升降旗制度的通知》要求，建立升降国旗制度。

第二十三条 中小学校每年应当结合国家的重要节日、纪念日及各民族传统节日，引导学生开展丰富多彩的教育活动，并逐步形成制度。

第二十四条 各级教育行政部门和中小学校应切实保证校会、班会、团（队）会、社会实践的时间。小学、初中、高中每学年应分别用 1~3 天、5 天、7 天的时间有计划地组织学生到德育基地、少年军校或其他适宜的场所进行参观、训练等社会实践活动。

第二十五条 各级教育行政部门和中小学校要认真贯彻落实《小学生守则》、《中学生守则》、《小学生日常行为规范》、《中学生日常

行为规范》，形成良好的校风。

第二十六条　中小学应实行定期评定学生品德行为和定期评选"三好"学生、优秀学生干部（中学）、优秀班集体的制度。评定的标准、方法、程序，依据《中学德育大纲》和《小学德育纲要》施行。学生的品德行为评定结果应当通知本人及其家长，记入学生手册，并作为学生升学、就业、参军的品德考查依据之一。

第二十七条　中小学校应当严肃校纪。对严重违犯学校纪律，屡教不改的学生应当根据其所犯错误的程度给予批评教育或者纪律处分，并将处分情况通知学生家长。受处分学生已改正错误的，要及时撤销其处分。

第五章　队伍建设与管理

第二十八条　中小学教师是学校德育工作的基本力量。学校党组织的负责人、主管德育工作的行政人员、思想品德课和思想政治课的教师、班主任、共青团团委书记和少先队大队辅导员是中小学校德育工作的骨干力量。中小学德育工作者要注重德育的科学研究，各级教育行政部门要努力培养造就中小学德育专家、德育特级教师和高级教师，要创造条件不断提高思想品德课和思想政治课教师的教学水平。

第二十九条　中小学教师要认真遵守《中小学教师职业道德规范》，爱岗敬业，依法执教，热爱学生，尊重家长，严谨治学，团结协作，廉洁从教，为人师表。

第三十条　中小学校思想品德课和思想政治课教师除应具备国家法定的教师资格外，还应具备一定的马克思主义理论修养，较丰富的社会科学知识和从事德育工作的能力。

第三十一条　各级教师进修学校和中小学教师培训机构要承担培养、培训思想品德课和思想政治课教师的任务。

第三十二条　中小学校要建立、健全中小学班主任的聘任、培训、

考核、评优制度。各级教育行政部门对长期从事班主任工作的教师应当给予奖励。

第三十三条　思想品德课和思想政治课教师及其它专职从事德育工作的教师应当按教师系列评聘教师职务。中小学教师职务评聘工作的政策要有利于加强学校的德育工作，要有利于鼓励教师教书育人。在评定职称、职级时，教师担任班主任工作的实绩应作为重要条件予以考虑。各级教育行政部门对做出突出成绩的思想品德课和思想政治课教师应当给予表彰。

第三十四条　中小学校全体教师、职工都有培养学生良好品德的责任。学校要明确规定教师、职工通过教学、管理、服务工作对学生进行品德教育的职责和要求，并认真核查落实。

第六章　物质保证

第三十五条　各级教育行政部门和中小学校要为开展德育工作提供经费保证。

第三十六条　各级教育行政部门和学校要不断完善、优化教育手段，提供德育工作所必需的场所、设施，建立德育资料库。中小学校要为思想品德课和思想政治课教师订阅必备的参考书、报刊杂志，努力配齐教学仪器设备。

第三十七条　中小学校应在校园内适当位置设立旗台、旗杆，张贴中小学生守则和中小学生日常行为规范。教室内要挂国旗。校园环境建设要有利于陶冶学生的情操，培养良好的文明行为。

第三十八条　各级教育行政部门应当会同有关部门，结合当地的实际情况和特点，建立中小学生德育基地，为学生社会实践活动提供场所。

第七章　学校、家庭与社会

第三十九条　中小学校要通过建立家长委员会、开办家长学校、

家长接待日、家长会、家庭访问等方式帮助家长树立正确的教育思想，改进教育方法，提高家庭教育水平。

各级教育行政部门要利用报刊、广播电台、电视台等大众传媒大力普及家庭教育的科学常识；要与工会、妇联组织密切合作，落实《家长教育行为规范》。

第四十条　各级教育行政部门和学校要积极争取、鼓励社会各界和各方面人士以各种方式对中小学德育工作提供支持，充分利用社会上的各种适宜教育的场所，开展有益于学生的身心健康的活动；引导大众传媒为中小学生提供有益的精神文明作品；积极参与建立社区教育委员会的工作，优化社区育人环境。

第八章　附则

第四十一条　本规程自 1998 年 4 月 1 日起实行。

10. 中小学教师职业道德规范

爱国守法

热爱祖国，热爱人民，拥护中国共产党领导，拥护社会主义。全面贯彻国家教育方针，自觉遵守教育法律法规，依法履行教师职责权利。不得有违背党和国家方针政策的言行。

爱岗敬业

忠诚于人民教育事业，志存高远，勤恳敬业，甘为人梯，乐于奉献。对工作高度负责，认真备课上课，认真批改作业，认真辅导学生。不得敷衍塞责。

关爱学生

关心爱护全体学生，尊重学生人格，平等公正对待学生。对学生严慈相济，做学生良师益友。保护学生安全，关心学生健康，维护学生权益。不讽刺、挖苦、歧视学生，不体罚或变相体罚学生。

教书育人

遵循教育规律，实施素质教育。循循善诱，诲人不倦，因材施教。培养学生良好品行，激发学生创新精神，促进学生全面发展。不以分数作为评价学生的唯一标准。

为人师表

坚守高尚情操，知荣明耻，严于律己，以身作则。衣着得体，语言规范，举止文明。关心集体，团结协作，尊重同事，尊重家长。作风正派，廉洁奉公。自觉抵制有偿家教，不利用职务之便谋取私利。

终身学习

崇尚科学精神，树立终身学习理念，拓宽知识视野，更新知识结构。潜心钻研业务，勇于探索创新，不断提高专业素养和教育教学水平。

国家教育委员会

11. 教师职业道德"十不准"

一是不准有违背国家法律法规和方针政策的言行；

二是不准侮辱、歧视、体罚和变相体罚学生；

三是不准乱收费、乱小班、乱补课；

四是不准训斥家长，向学生和家长索要或变相索要财物；

五是不准强迫学生购买资料或其他物品，随意加重学生负担；

六是不准在各级各类考试中弄虚作假、营私舞弊；

七是不准擅自调课、停课、缺课和对工作敷衍、搪塞；

八是不准搞封建迷信活动和传播低级庸俗的思想文化；

九是不准参与赌博等有损教师形象的活动；

十是不准上课时抽烟或使用移动电话。

12. 小学生日常行为规范

（1）尊敬国旗、国徽，会唱国歌，升降国旗、奏唱国歌时肃立、脱帽、行注目礼，少先队员行队礼。

（2）尊敬父母，关心父母身体健康，主动为家庭做力所能及的事。听从父母和长辈的教导，外出或回到家要主动打招呼。

（3）尊敬老师，见面行礼，主动问好，接受老师的教导，与老师交流。

（4）尊老爱幼，平等待人。同学之间友好相处，互相关心，互相帮助，不欺负弱小，不讥笑、戏弄他人，尊重残疾人，尊重他人的民族习惯。

（5）待人有礼貌，说话文明，讲普通话，会用礼貌用语。不骂人，不打架，到他人房间先敲门，经允许再进入，不随意翻动别人的物品，不打扰别人的工作、学习和休息。

（6）诚实守信，不说谎话，知错就改，不随意拿别人的东西，借东西及时归还，答应别人的事务力做到，做不到时表示歉意，考试不作弊。

（7）虚心学习别人的长处和优点，不嫉妒别人。遇到挫折和失败不灰心，不气馁，遇到困难努力克服。

（8）爱惜粮食和学习、生活用品。节约水电，不比吃穿，不乱花钱。

（9）衣着整洁，经常洗澡，勤剪指甲，勤洗头，早晚刷牙，饭前便后要洗手。自己能做的事自己做，衣物用品摆放整齐，学会收拾房间、洗衣服、洗餐具等家务劳动。

（10）按时上学，不迟到，不早退，不逃学，有病有事要请假，放学后按时回家。参加活动守时，不能参加事先请假。

（11）课前准备好学习用品，上课专心听讲，积极思考，大胆提问，回答问题声音清楚，不随意打断他人发言。课间活动有秩序。

（12）课前预习，课后认真复习，按时完成作业，书写工整，卷面整洁。

（13）坚持锻炼身体，认真做广播体操和眼保健操，坐、立、行、读书、写字姿势正确。积极参加有益的文体活动。

（14）认真做值日，保持教室、校园整洁。保护环境，爱护花草树木、庄稼和有益动物，不随地吐痰，不乱扔果皮纸屑等废弃物。

（15）爱护公物，不在课桌椅、建筑物和文物古迹上涂抹刻画。损坏公物要赔偿。拾到东西归还失主或交公。

（16）积极参加集体活动，认真完成集体交给的任务，少先队员服从队的决议，不做有损集体荣誉的事，集体成员之间相互尊重，学会合作。积极参加学校组织的各种劳动和社会实践活动，多观察，勤动手。

（17）遵守交通法规，过马路走人行横道，不乱穿马路，不在公路、铁路、码头玩耍和追逐打闹。

（18）遵守公共秩序，在公共场所不拥挤，不喧哗，礼让他人。

乘公共车、船等主动购票，主动给老幼病残孕让座。不做法律禁止的事。

（19）珍爱生命，注意安全，防火、防溺水、防触电、防盗、防中毒，不做有危险的游戏。

（20）阅读、观看健康有益的图书、报刊、音像和网上信息，收听、收看内容健康的广播电视节目。不吸烟、不喝酒、不赌博，远离毒品，不参加封建迷信活动，不进入网吧等未成年人不宜入内的场所。敢于斗争，遇到坏人坏事主动报告。

13. 学校小学生礼仪常规

（1）参加升国旗仪式，衣着整洁，脱帽肃立，行队礼或注目礼；唱国歌严肃、准确、声音洪亮。

（2）着装整洁得体，坐正立直，行走稳健，谈吐举止文明。

（3）使用好礼貌用语：请、您、您好、谢谢、对不起、没关系、再见。

（4）使用好体态语言：微笑、鞠躬、握手、招手、鼓掌、右行礼让，回答问题起立。

（5）进校第一次见到老师，鞠躬问好；上下课，起立向老师行注目礼，发言先举手；课余，进老师办公室或居室，喊报告或轻敲门，经允许后再进入；离校与老师、同学道别。

（6）家中吃饭请长辈先就座；离家或归家与家长打招呼。

（7）对待客人或外宾，主动问候，微笑致意，起立欢迎，招手送别。

(8) 对待老、幼、妇、病和军人，行走让路，乘车让座，购物让先，尊重帮助残疾人。

(9) 递送或接受物品起立并用双手。

(10) 参加集会守时肃静，大会发言先向师长和听众致礼，发言结束道谢，观看演出、比赛适时适度鼓掌致意。

14. 班级德育工作制度

(1) 加强以爱国主义为核心的理想教育。在此教育过程中要注意层次性和序列性，即由具体到抽象、由小到大、由近到远的原则。

(2) 开展各种形式的班级活动。加强以学习先进典型为主要形式的革命理想和传统教育。

(3) 加强以集体主义为核心的道德教育，使学生由爱家庭、爱同学、爱班集体、爱学校、爱家乡升华到爱社会主义祖国。

(4) 加强以关心、爱护、尊重他人，正确处理人际关系为核心的文明礼貌教育和社会公德教育。

(5) 加强以培养合格的社会主义公民为目标的民主法制教育和纪律教育。

(6) 加强以培养自强自立能力为起点的劳动教育。

(7) 加强对学生进行初步的马克思主义观点和常识教育，树立正确的人生观和科学的世界观。

(8) 加强对学生良好个性心理品质的培养教育。

(9) 加强对学生青春期的教育。

(10) 加强对学生进行以《中小学生日常行为规范》为核心内容

的素质教育。

15. 良好班风培养制度

（1）班主任要明确教育目的和培养目标，根据《中小学生守则》、《中小学生日常行为规范》、《德育大纲》等的要求，对学生进行正确的引导、教育，提高学生的集体荣誉感、责任感和社会公德意识。

（2）办好黑板报、墙报、班报，充分利用有关的舆论阵地，加强正确引导。

（3）班主任应巧妙恰当地运用批评与表扬，使学生明确"坏人坏事有人抓，好人好事有人夸"。正确运用这种方法，可以提高学生明辨是非的能力，以达到树立正确集体舆论，树立良好班风的作用。

（4）树立典型，发挥班级干部骨干作用。坚持正确的态度和做法，在班级里营造自觉抵制不良行为，维护班集体荣誉的氛围。

（5）严格要求，自始至终地加强良好班风的建设。

（6）有效地与任课教师之间进行协作。

第四章

学校美育文化的建设

1．美育的内容和作用

美育的内容

艺术美：音乐和舞蹈，绘画，影剧欣赏，文学；

自然美，以大自然为审美对象所感受和体验到的美；

社会美，以社会生活中美好的人和事为对象而感受和体验到的美；

科学美，以科学的内容和形式为对象所感受到的美。

中小学美育的内容包括：艺术教育，如文学、音乐、图画、戏剧、电影、舞蹈等；组织学生观察和欣赏自然美；引导学生体验社会生活美和劳动美。

美育的特点

美育是一种情感教育，它的任务是要塑造和形成人们优美、高尚、丰富的感情、趣味、心灵和精神境界。美育的这种职能注定了美育不是一朝一夕能够完成的事情，需要我们持久的关注。美育过程中存在专职进行审美教育的课程，如美术和音乐。但我们千万不可将美育和音乐、美术教育等同起来，美育这个庞大的系统工程绝非几堂音乐、美术课能够完成的。音乐和美术只是我们引导审美教育的手段而不是目的，通过这些教育我们可以培养学生的审美能力。我们之所以能够感受到美，是因为在审美活动中我们把握了具有节奏、平衡和有机结合的完备形式，这种形式积淀了人类情感、理想等特定的社会性内容，这些内容会同时作用于人的感知、想象、情感、理解等心理能力，使它们处于一种自由和谐的状态。主要还是体现四个方面：

（1）形象性。形象性是美育的显著特点。美育是从观赏美的形象开始，并且始终离不开美的形象，让受教育者通过美的形象来领悟美的内蕴。无论是自然美、社会美，还是艺术美，它们首要的特征就是

形象性。

（2）娱乐性。娱乐性是美育的鲜明特点。早在古罗马时期，贺拉斯就提出了"寓教于乐"的主张，强调通过艺术欣赏活动，不仅可以使人们满足精神上的审美需要，身心得到积极的休息，而且还可以从中受到教育和启迪。

（3）自由性。自由性是美育的重要特点。一般来讲，智育、德育等教育方式，都或多或少要采用灌输的方式来进行。智育、德育基本上是在课堂上进行，大多采用老师讲授和学生听讲的形式。而美育的特点，恰恰是采取自觉自愿的自由方式进行。

（4）普遍性。美的普遍性，决定了美育的普遍性。美是无时不在，无处不在的；美育也就无时不可进行，无处不可进行。尤其是现当代，随着科学技术的发展和人民物质文化水平的提高，美和美育在人类生活中占据越来越重要的位置，它不只是在学校的课堂或校园中进行，而是进入到人类生活的各个领域。完全可以说，美育涉及到人类生活的方方面面，包括自然美、社会美、艺术美，以及日常生活中的美容美发、形象设计、服饰打扮、家居装饰等等，都离不开审美和美育。审美教育在现当代社会的生活化趋势，使得人们在日常生活中也随时可以受到美的熏陶和教育，美育正在成为一种生活教育或人生教育。

美育的作用

社会主义社会的美育是为建设社会主义精神文明和培育学生心灵美、行为美服务的。它用现实生活中的美好事物和反映在艺术形象中的先进人物的思想感情和活动来感染受教育者。它广泛而深入地影响着学生的情感、想象、思想、意志和性格。它能丰富学校的文化精神生活，激起学生的情绪体验，有助于培养高尚情操，提高社会主义觉悟，鼓舞学生为实现共产主义理想和创造一切美好的事物而奋发向上。

美育对德育、智育、体育都有积极的影响。美育用优美感人的艺术形象，可以帮助学生认识人们的生活、理想和斗争，使他们受到生动的思想品德教育，促进他们的政治品质、道德面貌和思想感情健康地成长。美育不仅可以帮助学生认识现实，认识历史，同时可以提高他们的观察能力、想象能力、形象思维能力和创造能力；还能调剂他们的生活，提高学习效果。在美育中要求整齐清洁，美化环境，也有利于健康，有助于体育的开展。

美育的作用和意义在于提升人的精神境界，使人进入一种超越人我之见、超越功名利害生死的境界，获得终极幸福。美育就是情感教育，其作用在陶养人的感情，使人的情感转弱而为强，转薄而为厚，给人的高尚行为以推动力。美育对人能发生作用在于美具有普遍性和超脱性。美育还能够弥补科学的概念性、抽象性、机械性，使人生丰富而有意义。美育具有自由性、进步性、普及性，能给人的情感以抚慰，使人的心灵纯洁高尚，给人类以温暖的精神家园。

2. 美育的基本任务和主要原则

基本任务

社会主义美育的基本任务是：

（1）培养学生充分感受现实美和艺术美的能力。要求在培养他们敏锐的感觉能力的同时，发展他们高尚的审美情感；还要求培养学生审美的比较及分析能力，以区别真善美与假丑恶；培养他们审美的想象和联想能力，以掌握艺术形象。

（2）使学生具有正确理解和善于欣赏现实美和艺术美的知识与能力；形成他们对于美和艺术的爱好。为了使学生具有艺术修养，就要使他们掌握各门艺术的基本知识，逐步形成马克思主义的文艺观点和审美标准；还要让学生分析和评价艺术作品和社会上的美好事物，以培养他们审美的能力；更重要的是激发他们对艺术的兴趣，培养他们爱美的情感，抵制各种精神污染。

（3）培养和发展学生创造现实美和艺术美的才能和兴趣。要使学生学会按照美的法则建设生活，把美体现在生活、劳动和其他行动中，养成他们美化环境以及生活的能力和习惯。要注意组织学生参加各种艺术实践活动，发展他们创造艺术美的才能和兴趣，尤其要注意发展有艺术才能的学生的特长。

主要原则

社会主义美育的主要原则是：

（1）思想性和艺术性

（2）美育内容和实际生活相结合。美育的内容须富有生活气息；并渗透到学校全部生活中。

（3）情绪体验和逻辑思维相结合。使学生在感受美和享受美的过程中，焕发高尚的情感，使学生通过逻辑思维来分析作品，加深他们对生活的认识。

（4）艺术内容与表现方法的统一。既要使学生钻研艺术内容，加深理解，又要使他们了解艺术的表现方法，掌握表现的技能、技巧。

（5）统一要求和因材施教相结合。要使全体学生都学点绘画、唱歌和其他艺术，有一般的艺术修养；也要适应学生艺术才能和兴趣的不同，因材施教。

3. 美育工作管理的意义

1999年，中共中央国务院颁布的《关于深化教育改革全面推进素质教育的决定》指出，实施素质教育，必须把德育、智育、体育、美育等有机地统一在教育活动的各个环节中。这就使美育在学校教育中的地位得到法律确认。《决定》还指出：尽快改变学校美育工作薄弱的状况，中小学要加强音乐、美术课堂教学，高等学校应要求学生选修一定学时的包括艺术在内的人文学科课程。开展丰富多彩的课外文化艺术活动，增强学生的美感体验，培养学生欣赏美和创造美的能力。那到底什么是美育？我国近现代著名的教育家蔡元培给美育下的定义是：美育者，应用美学之理论于教育，以陶养感情为目的者也。"这是高度概括的说法，具体地说，美育又称陶美或美感教育，它是培养人认识美、欣赏美和创造美的能力教育。

美育，分学校美育、社会美育和家庭美育，其中学校是实施美育的主要阵地。中小学美育的基本任务，是帮助学生树立正确的审美观点，培养审美能力，发展学生表现美和创造美的才能。如何实现这个基本任务，有赖于学校管理者的美育素养。美育既是审美教育，就有个审美观点问题。由于人们生活经历、经济地位、文化水平、家庭和社会环境不同，在审美活动中表现出来的观点和态度当然也就各异。审美观点有正确的、有错误的，有高尚的、有低级的。这就要帮助学生树立正确的审美观点，使学生懂得什么是美，什么是丑。在此基础上，培养学生的审美能力，包括感受能力、欣赏能力和评价能力等。至于发展学生表现美和创造美的才能，要在实践中一点一滴地进行培养。

就我国目前的教育现状看，美育仍是学校教育中相对薄弱的环节，这与人们对美育的重要性认识不足有关，也与人们把美育实施途径局限于美术课程这一狭窄范围有关。学校教育中的各个学科、各个环节乃至学校教育的全过程都蕴涵着丰富的美育因素，如果我们能充分地挖掘并利用这些因素，那么将极大地丰富美育的内涵，拓宽美育实施的途径，获得很好的美育效果。而要挖掘和利用学校教育中的各种美育因素，美育就必须主动地、积极地融入学校教育的全过程。

美育和学校其他教育的关系十分密切，具体表现在如下几个方面：

美育和智育的关系

学生对美的感受、欣赏、鉴别，要有一定的知识作基础，所以美育依赖于智育。但学生在审美活动中，丰富了知识，扩大了视野，培养了广泛的兴趣和爱好，他们的观察力、想像力、思维力得到了锻炼和提高，促进了智力的发展。学生的知识越丰富，智力的发展越快，对美的理解和感受也就越深刻。所以美育和智育相结合，是符合青少年学生的心理特点的。

美育和德育的关系

美育是靠形象、靠感情的力量来感染人的。它在学生鉴赏与品味美的过程中，显示真、善、美，揭露假、恶、丑，从而培养学生高尚的道德情操。学生在美的享受过程中，潜移默化地受到教育。美育中的优美的艺术形象和事物，在人的一生中往往会留下深刻的印象，它的感染力和教育力是不可低估的。所以，向学生进行道德品质教育，离不开美育。

美育和体育的关系

美育和体育的结合，体现在"健"与"美"上。学生在体育运动中，经常受到美的教育，如动作的协调、身体部分形态的健壮与匀称，各种体操中的优美动作和节奏感等，都含有美育因素。学生在体育活动中得到美的享受，产生追求美的欲望。所以美育和体育是互相联系的。美育可以促使体育收到理想的效果，体育可以巩固和提高学生的审美能力。

美育和劳动技术教育的关系

学校开展审美教育活动，不仅要提高学生的审美能力，而且要培

养学生创造美、表现美的能力。在学生创造美、表现美的过程中，又含有劳动技术教育的因素，如手工劳作、美化环境等。学生通过这些实践活动，既锻炼了劳动技能，受到了劳动教育，又提高了审美能力。

总之，美育和其他诸育有着内在联系，它们互相配合、互相补充、互相促进。学校通过美育，可收到以美辅德、以美益智、以美陶情、以美健体的效果。

学校美育管理工作就是要使美育努力与智、德、体等其他方面教育相互渗透、协调发展，建立一套科学、系统、行之有效的美育融入学校教育全过程的实践模式。这就是学校美育管理工作的意义所在。

4．美育在学校管理中的作用

美育能丰富审美的感情，发展审美的能力，能给人带来活泼舒畅的情绪和乐观主义的精神。美育也是培养学生认识美、爱好美和创造美的能力，充分感受健康的、进步的、革命的事物的美的能力教育。学校的德育工作常常通过美育的途径，来发展和提高学生的思想认识，并通过艺术美、自然美和社会美对学生进行潜移默化地教育，吸引学生、振奋学生并扣击他们的心弦，使学生在欣赏、认识和理解多项活动内容的同时，精神上得到美的享受，从而起到"以美启德"、"以美育德"发展人的多种心理品质的作用。因此，笔者认为要在学校管理工作中渗透美育、发挥美育的作用，应从以下几个方面进行：

提高认识，更新观念

人的审美观是随着社会进步而提高的一种社会意识，我国社会主义现代化事业的发展，特别是随着改革开放后的各种社会进步，唤醒了人们沉睡多年的社会审美需要，使学校美育工作日益受到人们的重视。

为适应新形势变化需要，要进一步提高学校领导和全体教职员工对学校美育工作的认识，更新观念，确立德、智、体、美、劳全方位的教育思想，把美育工作视为学校管理工作不可缺少的重要组成部分。

要充分认识到美育在素质教育中的重要地位与作用：

（1）有利于陶冶人的情操。美育不同于别的教育就在于它是一种自由的形态，通过"寓教于乐"，"随风潜入夜，润物细无声"，使人的心灵得以净化。这是因为美与人的心灵是相通的，用康德的话说，美是情感知识与道德的桥梁。美育就是运用人类社会创造的一切美，对人进行美化自身的教育，使人具有一个丰富而充实的灵魂，并渗透到整个内心世界与生活中去，形成一种自觉的理性力量。这是其他教育无法做到的。

（2）有利于促进心理结构的"内化"。实施素质教育的关键，就是要将道德、知识等教育转化为人的一种精神素质，使之成为真善美相统一的人格。美育由于冲破了狭隘的功利主义，并且是一种自由形态的教育，所以比较容易与其他教育相结合，并渗透到其他教育之中去。孔子说："知之者不如好之者，好之者不如乐之者"。一个人仅知道什么是不够的，只有从情感上产生爱好，才能心悦诚服，才会在行动中发挥出最大的积极性与创造性。可见，美育具有全方位的作用，能够把其他教育带动起来，形成为一个有机体。

（3）有利于提高思维能力。人类认识事物的思维形式分为形象思维与逻辑思维，形象思维是基础，没有形象思维也就没有逻辑思维。所以，要提高人的思维能力，尤其对于广大青少年来说，更要注意形象思维教育。一般来说，一个人的知识水平和道德修养同思维能力是成正比的，但也并非是绝对的，还要有合理的心理结构，才能将知识、道德转化为一种智慧。日常生活中常有这样的现象：有些人书读得不少，人品也不错，可就是不会运用，甚至成为书呆子，这和平常缺乏

美育教育，形象思维能力低，缺乏想象力有着直接的关系。

（4）有利于培养新型人才。我们正面临着知识经济的时代，教育只有面向现代化、面向世界、面向未来，注意知识结构的综合化，而不囿于某一学科的单一知识，才能够培养出符合时代要求的新型人才。教育的精髓是启迪智慧，培养创新精神。美国诗人惠特曼说过：智慧是从灵魂中引发出来的。智慧是知识、修养、经验与情感的有机结合，已成为人的一种素质。在现代社会中，一个人不管干哪一行，如果不懂得美学和审美，就不可能真正做好工作，成为优秀人才。事实也表明，真正有名望的大学者，他们的成功和他们所受到的良好美育是分不开的。1978 年度诺贝尔奖金获得者、美国哈佛大学教授格拉索在回答"如何才能造就好的科学家"的问题时说过："往往许多物理问题的解决并不在物理范围之内，涉及多方面的学问可以提供广阔的思路，如多看看小说，有空去看看动物园也有好处，可以帮助提高想象力……"

优化环境，以形育人

（1）美化教育环境。学生的审美趣味的习惯，是在优美的环境中形成的。整洁、优美的校园环境对陶冶学生美的情操，培养良好的行为习惯，有着不可估量的作用。要重视校园建设，引导学生参加美化绿化校园的工作，增强学生创造校园美的意识，培养他们创造美、珍惜美的观念与能力。从而以美的校园环境陶冶学生的情操，培养学生的个性，又以学生美的行为习惯为校园增添光彩。

几年来，学校投入大量的资金进行了校园的改造和建设，绿化美化了校园环境。建造了具有传统造型特色的校训屏风墙；别具一格的名人名言德育教育长廊；树立起具有本校特色能激发学生奋发向上、勤奋学习、努力拼搏、乘风破浪、奋勇前进的不锈钢"扬帆"标志；建起了一座清净优雅造型别致的读书亭和金鱼池、假山；扩建了宽敞明亮、环境舒适的学生公寓楼；装修了一栋造型独特，具有一流水平的色彩协调的多功能的教师办公大楼；安装了富有艺术造型特色的路灯和蘑菇形的草地音箱；铺设了规范整齐的升旗场地；同时，扩大了校园的绿地面积，种树、育花、种草等等，校园面貌焕然一新，使校园环境充分发挥了美育中的"以美引善"、"以形悦目"、"以情感人"的作用。

在教室布置方面，教室里贴的各种条幅、功课表值日生轮流表、评比表还有墙报以及各种扫除用具的布置与陈设都做了统一安排，使教室布置得典雅大方，文明舒适，卫生整洁，使学生置身于教室便有一种赏心悦目，神清气爽之感，在不知不觉中受到美的陶冶。

（2）完善教师形象。要提高教师的审美素质，优化师德风范，要求教师仪表风度、行为举止、待人接物等方面都体现为人师表的美德，做学生的表率，成为学生无声的美的楷模。

首先教师不断加强自身的品德修养。以完美的人格教育学生，使学生产生敬爱感、敬佩感、敬重感，像"随风潜入夜，润物细无声"一样潜移默化的塑造每一个学生的心灵。

其次，要求教师要有美的仪表。这是教师形象塑造的最直接的自我展示，教师要有自然、潇洒的举止，给学生以轻松舒畅的感觉，以稳重大方的姿态，给学生踏实，可靠的印象，以整洁合适的衣着，给学生体悟朴实、整洁的真正的美。

再次，教师要有美语言。正确运用语言是教师获得教育教学成功的重要因素之一。在教学中，教师要注意运用语音、语调、语气来表情达意，做到侃侃而谈，抑扬顿挫，悦耳动听，使学生在优美的语言环境中受到教育和启迪，同时带动学生使用美的语言。

发挥课堂教学主阵地，对学生进行美育熏陶

学校以教学为主，美育必须以教学过程为主要途径。

（1）充分发挥艺术教育学科的美育作用。各科的教学内容，尤其是艺术教育学科的内容中蕴含着丰富的美育因素。因此，加强艺术学科教学业务管理，开设艺术课和美学讲座，是对学生进行审美教育的重要内容和途径。

中学艺术教育的主要形式是课堂教学。艺术教育具有其他学科所不能替代的作用，要坚持正确的教育思想，格调高雅，内容健康，重视我国优秀的民族、民间艺术，发展有民族特色的、情趣高尚的、有较高水平的艺术教育。通过各种艺术学科的教学，使学生在掌握一定艺术门类的基础知识和基本技能的同时，形成正确的审美观点和审美能力。因此，艺术教师在教学中，应善于揭示教材的内在美，讲授要准确、简明、生动活泼，善于创造美的情境，启迪学生的审美心境，促进师生情感的双向交流，引导学生感受美；要以和蔼可亲的教态、清晰准确的发音、流畅悦耳的语调、工整美观的板书、灵活适用的教学方法，做到声、形、情并茂，让学生欣赏美；同时，教师要认真钻研教材，广泛参阅，吸取众长，充分准备，创造性地进行教学活动，并逐渐形成独具特色的教学风格，使学生体会创造美。

一些学校努力创造条件，在提高原有的艺术课教学质量的基础上，请专家到学校进行美学讲座，普及美学知识，培养中学生的美学理论素养，使他们爱美、懂美、会美。一位学生在周记中写道："歌曲《黄河大合唱》表现了滚滚黄河雷霆万钧、一泻千里的雄伟气势，以及它所孕育的中华民族百折不挠、坚强不屈的伟大性格。师生在教学过程中，都是动情的。因为，歌曲崇尚的美使我们始终处于美感的激情之中，甚至于课后，那澎湃的激发仍要长久地留在同学心中。"

（2）充分挖掘其他学科所蕴含的美育因素。确立各学科的美育标准，并强调教师要把美育自觉地渗透到各学科的教学中去，根据学科的特点和规律，努力挖掘教材本身的审美因素，采取多种形式和手段，

给学生创造美的氛围，使学生在愉悦之中获得知识，陶冶情操。

政治课教学可直接讲授美学知识，向学生展现社会美、信仰美、心灵美，树立学生正确的审美观念、道德观念和审美理想。

历史课和地理课的教学，可通过介绍历代的文化艺术珍品、时代的丰功伟业、惊天地泣鬼神的民族英雄事迹、祖国壮丽的河流山川、丰富的地矿宝藏、优美的风光景致，对学生进行热爱祖国、热爱社会主义、热爱大自然、热爱劳动和劳动人民的教育。

语文课教学，使学生体会本民族语言所具有的音、形、义的文字美；从语言所塑造的艺术形象和所抒发的思想情感，引导学生领会文章的意境美；通过学习遣词造句、布局谋篇的写作方法，领会文章的主题美和结构美。语文课中有优美图画，优秀作品，不但要讲字、词的含义还要运用艺术手段和电教媒体创造情境，化人于情，把那些生动、具体、直观的展现在学生面前，把学生带到一种美的意境中去，打动他们的心灵，让学生明白什么是真、善、美、什么是假、恶、丑，从而受到教育，培养学生的审美能力。

数理化学科，可以其准确清晰的数字、柔美流畅的线条、立体形象的图形、精炼严谨的语言、规范整洁的作业、系统严格的实验操作，让学生体验抽象美、逻辑美、运动变化美。

体育是健与美结合的艺术。通过动作示范之美、场地设计之美、队形排列之美，使学生掌握准确、协调、矫健、灵敏的动作、组合变化的造型，形成健美的体魄，进而培养学生勇猛顽强的意志和团结奋进的精神。

教师还要关注各种社会渠道向学生输送审美的信息，把握学生审美情趣的变化，提高对家庭、社会审美影响的应变能力。要对学生实施自然美、社会美、艺术美、人生美等方面的全面指导，引导学生正确、全面地理解生活方式美，教育他们健康、朴素、大方，充分体现

"青春美"。善于运用各种美的因素，培养学生成为审美主体，提高他们鉴别美、创造美的能力。

课外活动中的美育渗透

课外活动是实现教育目标的重要渠道，也是贯彻实施素质教育的一项主要内容。学校为活跃校园文化生活，制订并健全课外美育活动的管理制度，配备辅导教师，积极组织和开展各种类型的课外活动，充分利用课外活动时间和校外教育阵地，组织学生艺术社团或艺术活动小组，定期举办专题艺术讲座，使学生在艺术实践中开阔视野，启迪智慧，获得知识，培养能力，健美体魄，发展艺术兴趣和个性特长，丰富精神生活，优化教育环境。

丰富多彩的课外活动是课堂教学效果的延伸和补充。学校这几年来特别重视课外活动对学生进行美育熏陶，充分挖掘学生的潜能，进一步培养学生的兴趣和爱好。先后从学校经费中拨出专款，并根据学生的爱好，组织成立了校园电视台、学生记者团、文艺队、合唱队、管乐队、民乐队、声乐队、电声乐队、书法兴趣小组、绘画兴趣小组、板报小组、读书小组、田径队、篮球队、排球队、足球队、电脑培训班和各学科的兴趣小组。组织学生看电影、看小说、看作文、欣赏音乐或美术作品，学生抱着一种深的情趣去欣赏。在不知不觉的欣赏过程中，由感性到理性地受到教育，这种由美感得来教育一旦留在心上，就不会轻易逝去。

5. 美育在素质教育中的作用

在素质教育只有三个问题：美育的地位和作用；美育对提高人的文化素质品格；美育与人生境界。

美育在教育体系中的地位和作用

这个问题牵涉到很多方面，仅从一个方面谈。1999 年，朱镕基总理在政府工作报告中提出了"德智体美"，这是一个重大的事件，对21 世纪将有巨大的推动，有三个理由。

（1）德育不能包括美育。我国原来的教育方针是不列入美育的，把它视为德育的一部分或手段，认为美育没有独立的价值，这主要是受苏联的影响。美育与德育互相配合、补充、渗透，但不能互相代替，它们的性质、社会功用都有所区别。

第一，性质。美育和德育同作用于人的精神，引导青少年追求人生的意义和价值，但它们是有区别的。

德育主要是树立行为规范，使人获得自觉的道德意识观念；美育则是通过熏陶、感发，"兴发"人的精神，激励、净化升华人的精神境界。德育注重理性、思想的层面，作用于人的"良知"，理性道德；美育作用于人的感性、情感、无意识层面，潜移默化地影响人的气质、性格、胸襟等深层因素，在此层面德育是无能为力的。

第二，社会作用。德育强调调整人与人的关系和规范，建立社会伦理、秩序、规范，避社会行为的"失序"。美育着眼于保持个体人精神的平衡、和谐、健康，使情感具有文明的内容，促进理性和感性的沟通，使之协调发展。席勒在《美育书简》中提出，人类存在着感性和理性相脱离的现象：感性脱离理性使人变成动物；理性脱离感性使人变得僵死。现代社会追求功利、物质，竞争使人的精神压力增加，产生大量的心理疾病，而缓解这种状态更多的要靠美育，要在精神的深层施加影响。美育是通过精神和谐来维护人与人之间的和谐的。荀子说：乐使人血气平和，从而达到家庭、社会的和谐，这在现代社会显得日益重要。

现代社会的动乱，社会心理、情绪的因素显得越来越突出，有些

社会动乱不是因为政治、经济原因。而美育发挥了维护社会安定的作用，而社会安定已成为一个国家的发展的重要因素。

这种区别和联系，在中国古代的有关理论中就有论述，认为德为"礼"的教育，主要建立"序"；美育为"乐"，内容为"和"——人与人、人与自然的和。德育和美育互相补充、互相配合，"礼乐相济"，但不能相互代替。

（2）加强美育是培育重新人才的需要。"重新是民族进步的灵魂"，是素质教育的重要目标，在此，美育有着智育不可替代的独特功能。这可从三个方面体现。

第一，美育激发人的创造冲动，培养审美直觉和想象。

审美的核心是要创造审美"意象"，科学家的科学发现到最后往往不是凭理性而是靠直觉，这样的事例很多。这种想象力的培养是靠美育。智育主要是培养人的逻辑推理能力，而美育培养人的想象力和洞察力。孔子说："诗可以观"，是指直观洞察。美育培养人的形象思维，发掘人的右脑潜能。

第二，美和"真"的关系。自然界形式美的特征——简洁、对称、和谐——启发人的联想和发明，很多科学家的发明往往由追求美的形式走向真理，"一个方程式的美比其符合实验结果更重要。""发明就是选择，这要由科学美感来支配。"美感对科研发明重新具有重要的作用，这种美感要由美育来培养。

第三，成就大事业，需要建立广阔平和的胸襟，这有赖于美育。人若心烦气乱、眼光短浅，必不可有所成就，做不成大事业。比如城市山水园林，能够拓宽心胸。我国古代的大思想家往往游历祖国的山河，为的是拓宽心胸，心胸小了是不行的，古代的"乐教"、"诗教"就是为了拓宽人的胸怀，认为豪杰、圣人的教育要通过诗教来"兴心""荡浊"。

审美是超越功利的，对人成就事业有很大作用，这已得到现代心理学的印证。智商（IQ），情商（EQ）日益受到人们的重视，考试成绩高的不一定就能成就大事业。

（3）加强美育是 21 世纪经济发展的要求。

20 世纪最后的 20、30 年出现了经济发展的新特点和趋势，要求国家的经济、政府人员不仅要有经济政治的眼光，还要具有美学的眼光和文化的头脑。

第一，60 年代以来，商品的文化、审美价值逐渐超过其使用、交换价值。

名牌效应实际上是一种符号价值；人们挑选商品样式超过实际功用，实际注重的是审美价值。提高格调、品味成为商品生产和销售的大问题。我国的建筑、旅游、服装产业的问题往往是因为格调低。例如北京的很多建筑物，往往比例、色彩搭配不对，产生一些常识性的问题，这主要因设计人员基本修养差，包括政府部门和批准部门的人员素质。导致北京建筑整体的问题，贝律铭说，新建筑很难搞"古都风貌"。这是美学问题、文化问题，需要各级人员的文化修养。又如旅游业，我国的自然景观很美，但人为建筑和导游的素质太差。设计、管理人员的文化修养，包括流通部门、政府部门，他们的文化修养成了制约经济发展的"瓶颈"。

第二，21 世纪最大的产业有两个：信息产业（高科技）和艺术产业。

目前高科技产业已被认识，但艺术产业还并未被认识。高科技的发展与人和人之间的关系发展并不同步，物质提高了，反而使人之间的关系冷漠。从筒子楼到单元房，使得邻居多年互不相认。而"数字化生存"将给人类社会带来巨大的问题，这并不是人类的理想社会，必须要加上"艺术化生存"。到那时，人们对艺术的要求会更迫切，

高科技要与高情感需求结合，艺术产品将会更被需求。现在已经产生工业产品向艺术产品转移的端倪。我国文化资源非常丰富，但长期未受到重视，或仅限于低层次利用。21世纪的艺术产业将有广阔的前景，可能是经济发展的新增长点。

由此可见，发展美育是经济发展的直接要求。

综上所述，美育列入教育方针是一个极好的契机。21世纪中国的复兴，要使人民发挥原创性和智慧；而哲学、史学、艺术的教育，正是可以激发人的原创性的教育。美育可以使我们民族在新的世纪为世界贡献一批大师。为在高科技、数字化社会中保持精神的平衡和社会安定，为使经济持续增长，将美育列入教育方针是完全必要的。这是蔡元培先生（甚至可以上溯到孔子），提倡美育精神的继承和发扬，也是对时代呼唤的积极回应。

美育从多方面提高人的素质和文化品格

美育的实施，不等于开设几门美育的课程，而应贯穿于全部教育环节中、贯彻在整个社会生活中。从两个方面谈。

（1）空间方面，即整个社会生活。营造优良健康的社会文化环境。特别是大众传媒，其人文价值导向到底是什么。现在电视的影响面非常大，但其文化内涵、价值、格调都存在很多问题，它对下一代人的影响不容忽视，从事传媒工作的人员应具有"理论责任感"。

（2）时间方面，美育应贯穿人的一生。一生的教育应从胎教开始，幼儿园、小学、中学、大学，而大学毕业后的教育更重要，直至退休后的精神生活。美育对人生的影响是多方面的，可以归纳成几点。

第一，培养审美能力。美育培养对感性世界无限风的形式的感受，体育对内涵丰富意韵的感受。如果常用功利的眼光看待事物，会使世界千篇一律、暗淡；转用审美的眼光看待世界，世界则无限丰富。美育培养人体验人生的意义、价值的能力。这有别于科学的认识——发

现本质规律，得到知识体系。美育是体验人生的价值，审美能力即体验人生的能力。

第二，培养想象力。

第三，培养创造的欲望。审美即发现，发现即创造。审美创造审美意象。郑板桥画竹有"眼中－胸中－手中"之竹的区别，这就是创造。艺术欣赏也是这样，心的过程也就是审美创造的过程。

第四，培养珍惜美好事物的情操。美育可以使人了解美好事物的不可重复性、独特性，并了解美好事物对生活的意义。艺术作品具有多义性、不确定性，这是艺术不同于理论、政作品的区别。产生美感的差异性和丰富性，因审美者的差异、更因作品本身的无限性与不确定性而起。

第五，培养对个性的尊重。科学成果是普遍性规律，是可重复的，而审美活动是独特的、一次性的，是独创、不可重复的。"群籁虽参差，适我无非新"。个性不同，审美体验不同。美育培养广泛兴趣，培养宽胸襟和人文气氛。

第六，培养群体意识。艺术活动具有共同和社会化的功能，能调整人与人、人与社会的关系。孔子说："诗可以群"，它可以培养群体意识，在现代社会针对人与人日益疏远的倾向，美育显得更加重要。

第七，培养宽广平和的心境。美育可以拓宽胸襟，是成就事业的必要条件。艺术有净化功能，可把过分极端的情感释放出来而达到平和。

第八，培养超越的精神。人的感性存在（空间、时间）是有限的，但有追求无限、永恒和自由的要求，这就是超越的要求。审美可以用自己所特有的方式满足人们的这种需求。审美带有令人解放的功能，可以超越生存的有限。蔡元培提出"以美育代宗教"，后来有很多人批评这个观点，认为"幼稚"，认为宗教除了认识，还有社会方

面、人性方面和心理依赖等，仅用教育是无法取代的。人类发展有可能消除宗教，但人的精神的超越需求是永恒的，除了宗教，只有审美活动具有使精神超越的功能，这是一种积极的超越。从这个意义上来理解"以美育代宗教"，就有了新的价值。

八个方面，可归结为，美育是人（精神）的最高层面，可以提升人生的境界。

美育与提高人的人生境界

人生是有限的，但每个人的人生意义价值不同，构成不同的人生境界。表现在内在心理称为"胸襟"或"格局"。表现为言谈举止则为"气象"。古代思想家强调，不仅要增加知识学问，更重要的是拓胸襟，提气象，升境界。北大老一辈学者称蔡元培先生有"光风霁月"的气象。除知识外，更要注重人文内涵，追求完美的人生。现在提倡学生的自由发展，但也要引导，价值有高低之分，要引导学生追求更高的价值。人生有三个层面：

（1）为俗物层面，柴米油盐，这是人生存所必需的，还有如工作中的应酬，不可脱离。

（2）为事业层面，为国为家建功立业，可以是多方面的：科研、经商、艺术……，最好能够把个人价值与国家需要统一起来。

（3）为审美的、诗意的层面。人需要做事，但要有些诗意。这个层面没有直接的功利，但是又是成就事业切实需要和不可缺少的。

这三个层面应当恰当地搭配，不能把某个部分过分膨胀。只有事业的成功不一定就最完美。这三个层面也会相互影响。有时，事业的本身就具备了或可以上升到审美层面；审美能力的提高也会促进事业的成功甚至俗物层面的充裕。审美使人"脱俗"或"免俗"：振其暮气，荡其浊气。三个层面互现、互渗，从事业、俗物的层面可以看到格调和情趣。前两个层面依赖人生体验，美育的最高层面是提高人生

的境界。

6. 美育对学生全面发展的意义

美育，又称审美教育或美感教育，是人类从愚昧走向文明、从低级走向高级的历史进程中逐步形成的一种自我完善的教育方式。它是对审美对形象直观的情感体验，是采取完全自由、没有任何强制的方式，在潜移默化之中完成的教育。它通过培养和提高人们对自然和社会的鉴赏力和创造力，陶冶人的情操、美化人的心灵、提高人的素质。它不仅是人类认识世界、改造世界的重要手段，也是实现人类自身美化、塑造完美人格的重要途径。学校美育是切实贯彻教育方针，全面提高教育质量，培育高素质人才的重要内容，对于促进学生的全面发展起着重要作用。

美育有助于培育学生的道德情操

人的行动总是受一定情感支配的。人们的任何道德行为都是发源于人们的内心指令，一切道德规范，只有当它成为人们的内心信仰和内在需求之后，才能在实践中付诸行动。也就是说，只有当人们不仅从理性上认识应该这么做，而且从内心情感上也心甘情愿地去这么做的时候，人们的道德信念才能是坚定的、稳固的。正如孔子所说："知之者不如好之者，好之者不如乐之者。"所以，人的情感对人生实践具有重要意义。

而情感的开发与升华，只能通过情感的作用。美育正是依靠社会生活中美的事物、美的形象来打动学生、感染学生，从而使学生在效仿榜样的潜移默化中实现美德教育，通过情感的变化来分辨美丑，自觉地趋善避恶，实现道德情操的升华。

美育从内容到形式都带有很强的艺术气息，可以给人耳目一新的感觉，在这样的情景中"融美于心灵"，在感化、启发和诱导下，通过对美的欣赏，使感官接受审美对象发射出来的信息，使其与大脑中原来储存的审美经验相联系，引发联想，与审美对象之间产生情感的交流和共鸣，从而得到感官上的享受，精神上的满足，理智上的启迪，进而荡涤灵魂，追求美好，摒弃卑微与自私，自觉扬起追求社会理想和高尚人格的风帆。如但丁《神曲》中的女神贝阿特丽采，表现了追求崇高真理的精神和关怀人类命运的热情，把人们引向无限丰富的美的境界。

因此，对学生实施美育可以帮助他们树立崇高的审美理想，提升美好的人生境界，使他们认识到生活中并不仅仅在于吃喝玩乐，除此之外还有高尚愉快的精神生活可以为人所享受，放弃这种精神之乐，才是人生最大的遗憾。

美育有助于培育学生的健康心理

人类进入文明社会之后，不可避免地会被自己所创造的成果所困累、所束缚，为了这些身外之物而去追逐世俗，本身独立自主的人格反倒成了这些身外之物的奴隶，人格被现实利益所瓦解，呈现出分裂的趋势。在自然经济的农业社会生活中，人们还没有被现代工业文明那样的经济秩序所束缚，还有一定的自由；而在现代文明社会中，经济生活的运转，以及伴随而来的人生的劳累奔波，使人们的精神生活平庸单调、百无聊赖。许多人对于生活意义的理解完全受制于现实的物欲，而迷失了对于生活意义的领悟，不能回转内心，升华精神。随着市场经济的发展，人格相对于过去的年代要自由得多，人们有了更多选择的自由，少了很多的人身依附关系。但是，由于市场经济受商业利益的驱动，适者生存，优胜劣汰，是市场经济的铁定法则，它使人格成为其臣民，所以市场经济中的商业活动对于包括学生在内的当代人格的解构会带来一些负面影响。

美育中蕴涵着丰富的人格力量，能够潜移默化地影响学生的心灵，对促使学生形成健康心理起着"春风化雨，润物无声"的熏陶作用。由于生命的需要，艺术作品融合了人类的真情实感和审美理想。高尔基曾经这样论述人的创造与人本身的关系：人所创造的一切东西，每一件物品中，都包含着他的灵魂。

美育有别于其它教育之处就在于它是一种自由的形态，通过"寓教于乐"，"随风潜入夜，润物细无声"，使人的心灵得以净化。这是因为美与人的心灵是相通的，用康德的话说，美是情感知识与道德的桥梁。美育就是运用人类社会创造的一切美，对人进行美化自身的教育，使人具有一颗丰富而充实的灵魂，并渗透到整个内心世界与生活中去，形成一种自觉的理性力量。这是其他教育无法做到的。著名美学家朱光潜先生认为："美感教育的功用在怡情养性"，"文艺能给我们更深广的人生关照和了解"，"能帮助我们建设更完善的道德基础"。美育可以给人的心灵以本质的定性，一切的美育活动都是以此为基本出发点的。心灵主要是指人的思想与情感。美育给人的心灵以本质的定性，就是指美育要为塑造美的灵魂而奋斗，使人具有崇高的审美理想，有正确的发展方向，也就是要有一颗丰富而充实的心灵，并渗透到整个内心世界与实际生活中去，并形成一种健康的、自觉的心理力量，引导人生不断走向完美境界。

美育有助于培育学生的审美能力

法国雕塑大师罗丹说过："美是到处都有的。对于我们的眼睛，不是缺少美，而是缺少发现。"的确如此，只要我们睁开眼睛，映入我们眼帘的有千姿百态的自然美、形形色色的生活美与斑驳陆离的艺术美。可是这并不是所有的人都能发现它。如何才能善于发现美呢？这就要具备一定的审美能力。审美能力是指在审美活动中发现、感受、判断、评价和欣赏美的能力。它作为人类的一种高级的实践能力，包

括审美感受能力、审美鉴赏能力和审美创造能力。而美育的主要着眼点正是通过美的教育来培养主体审美方面的能力，也就是提高主体从审美的角度去感受世界、鉴赏世界、美化世界的能力，从而使我们的生活越来越美，我们的环境越来越美，我们的人越来越美。正如卢梭所说："有了审美能力，一个人的心灵就能在不知不觉中接受各种美的观念，并且最后接受同美的观念相联系的道德观念。"审美感受力是审美能力中最基本的能力。所谓审美感受力是指主体的审美感觉器官对审美对象的感觉和把握，只有首先感到美，才能进一步鉴赏美，才会引起情感的波动。但事实上，并不是每个人都能感受美，审美感受力是需要后天通过美育来培养和训练的。

在美育实践中，审美感受力的提高一是通过审美观察力的培养，即培养主体善于从不同的对象中发现它们各自的特殊之点，也就是说找到每一审美对象独具的特点。比如，通过美术教育就能够提高视觉感受能力，美术家能分辨一般人分辨不了的上百种颜色，能觉察一般人觉察不到的线条、形体之美。二是通过审美态度的培养，即在审美过程中作为审美主体的人，一方面要能"神与物游"，把自己的情感移入到审美对象中去，完全进入审美的境界；另一方面又能保持静观的态度，即采取非实用、非功利的欣赏态度，也就是审美者与审美对象之间能保持一种审美距离。比如，对于一个以实用为目的的人来说，面对着兰花、水仙花和油菜花、南瓜花，其感受是很不一样的。对于前面这两种花，他可能会无动于衷，因为它不可能从经济实用上给他带来什么好处；对于后面这两种花，他却会产生由衷的喜悦，因为盛开的油菜花和南瓜花，将是预示着丰收和生活的改善。在这里，审美主体缺乏一种自觉观赏的态度，把人对现实的审美关系完全变成了一种功利的实用的关系，因此他不能够欣赏客观对象的美。可是，对于一个画家来说，这四种花都是能够一视同仁地引起他的无限喜悦之情，因为在这里他都可以获得自己所需要的美。

当然，审美能力不仅是感受力，还需要有丰富的想象力和深刻的理解能力。审美能力的强弱往往最终要在审美鉴赏力上体现出来。所谓审美鉴赏力，就是对事物的审美价值鉴别和欣赏的能力。现实世界中鱼龙混杂，若不鉴别就会美丑不分，进入审美和人生的误区。审美鉴赏力标志着一个人在审美修养、审美能力以及文化素质、思想觉悟、知识储备等方面的综合水平。美育正是使受教育者在审美欣赏中情感受到洗涤、净化的过程。审美鉴赏力是在审美实践中不断提高的。

在美育中，通过树立高标准的审美规范对提高学生审美鉴赏力具有十分重要的作用。比如，有些学生只满足于读通俗小说，唱流行歌曲，虽然数量不少，但是审美鉴赏力却提高不大。如果指导他们多欣赏那些堪为典范的名著、名画、名曲以及自然界的名山大川、历史上的伟人伟事，这样审美鉴赏力和审美境界、思想境界就会大大提高。

美育有助于培育学生的创新思维

现代生理科学研究表明，人脑是完整的有机系统组织，脑的左右两半球有明显分工且又相互密切配合。左半球以管理语言、数学即抽象思维为主，右半球以管理音乐、图画即形象思维为主。若片面发展抽象思维，而不发展形象思维，就会造成大脑左右半球发展不平衡。大学美育活动正是以大量形象直观的自然形态和艺术形态作为其主要内容，这就使左、右两半球的智力得到充分运用开发，使各种思维能力得以平衡协调发展。美育在促进智能发展方面，不仅可以开阔学生的眼界，激发他们的学习兴趣，还有助于他们智力结构的整体发展。

伟大的物理学家爱因斯坦就对古典音乐有着浓厚的兴趣，当他遇到问题的时候，他经常拉小提琴，音乐常常使他思如潮涌，不断产生新的想法。的确，小提琴乐曲等古典音乐体现的和谐美，同大自然的和谐以及反映客观规律的物理理论的和谐确有相通之处。一个懂得并

能欣赏音乐和谐美的人具备着得天独厚的直觉、敏感和特质，并使其去发现宇宙的和谐结构。爱因斯坦的研究方法被人们认为："在本质上，是美学的、直觉的。"他自己也曾经说过，应该把"外在的事实证明"和"内在的完美"作为选择物理理论的要求。他认为，如果有两种可供选择的方案，一种是更美的，一种似乎是更合理的，他宁可选择前者。

学生阶段是人生中最富有创造才能的时期，这时的学生具有强烈的好奇心和求知欲。在广泛开展的美育活动中，学生可以发挥主观能动性，激发情感，调动审美机能，更好地打开思路，发挥想象，从而融会贯通，增强认识问题、分析问题、解决问题的能力。

美育在教育体系中的地位和作用

这个问题牵涉到很多方面，仅从一个方面谈。1999 年 3 月 5 日在全国人大第一次会议朱镕基总理在政府工作报告中提出了"德智体美"，这是一个重大的事件，对 21 世纪将有巨大的推动。有三个理由：

（1）德育不能包括美育。我国原来的教育方针是不列入美育的，把它视为德育的一部分或手段，认为美育没有独立的价值，这主要是受苏联的影响。美育与德育互相配合、补充、渗透，但不能互相代替，它们的性质、社会功用都有所区别。

从性质上来说，美育和德育同作用于人的精神，引导青少年追求人生的意义和价值，但它们是有区别的。

德育主要是树立行为规范，使人获得自觉的道德意识观念；美育则是通过熏陶、感发，"兴发"人的精神，激励、净化升华人的精神境界。德育注重理性、思想的层面，作用于人的"良知"，理性道德；美育作用于人的感性、情感、无意识层面，潜移默化地影响人的气质、性格、胸襟等深层因素，在此层面德育是无能为力的。

从社会作用上来说，德育强调调整人与人的关系和规范，建立社

会伦理、秩序、规范，避社会行为的"失序"。美育着眼于保持个体人精神的平衡、和谐、健康，使情感具有文明的内容，促进理性和感性的沟通，使之协调发展。席勒在《美育书简》中提出，人类存在着感性和理性相脱离的现象：感性脱离理性使人变成动物；理性脱离感性使人变得僵死。现代社会追求功利、物质，竞争使人的精神压力增加，产生大量的心理疾病，而缓解这种状态更多的要靠美育，要在精神的深层施加影响。美育是通过精神和谐来维护人与人之间的和谐的。荀子说：乐使人血气平和，从而达到家庭、社会的和谐，这在现代社会显得日益重要。

现代社会的动乱，社会心理、情绪的因素显得越来越突出，有些社会动乱不是因为政治、经济原因。而美育发挥了维护社会安定的作用，而社会安定已成为一个国家的发展的重要因素。

这种区别和联系，在中国古代的有关理论中就有论述，认为德为"礼"的教育，主要建立"序"；美育为"乐"，内容为"和"——人与人、人与自然的和。德育和美育互相补充、互相配合，"礼乐相济"，但不能相互代替。

（2）加强美育是培育重新人才的需要。"重新是民族进步的灵魂"，是素质教育的重要目标，在此，美育有着智育不可替代的独特功能。这可从三个方面体现。

第一，美育激发人的创造冲动，培养审美直觉和想象。审美的核心是要创造审美"意象"，科学家的科学发现到最后往往不是凭理性而是靠直觉，这样的事例很多。这种想象力的培养是靠美育。智育主要是培养人的逻辑推理能力，而美育培养人的想象力和洞察力。孔子说："诗可以观"，是指直观洞察。美育培养人的形象思维，发掘人的右脑潜能。

第二，美和"真"的关系。自然界形式美的特征——简洁、对

称、和谐——启发人的联想和发明，很多科学家的发明往往由追求美的形式走向真理，"一个方程式的美比其符合实验结果更重要。""发明就是选择，这要由科学美感来支配。"美感对科研发明重新具有重要的作用，这种美感要由美育来培养。

第三，成就大事业，需要建立广阔平和的胸襟，这有赖于美育。人若心烦气乱、眼光短浅，必不可有所成就，做不成大事业。比如城市山水园林，能够拓宽心胸。我国古代的大思想家往往游历祖国的山河，为的是拓宽心胸，心胸小了是不行的，古代的"乐教"、"诗教"就是为了拓宽人的胸怀，认为豪杰、圣人的教育要通过诗教来"兴心""荡涤"。

审美是超越功利的，对人成就事业有很大作用，这已得到现代心理学的印证。智商（IQ），情商（EQ）日益受到人们的重视，考试成绩高的不一定就能成就大事业。

（1）加强美育是 21 世纪经济发展的要求。20 世纪最后的 20、30 年出现了经济发展的新特点和趋势，要求国家的经济、政府人员不仅要有经济政治的眼光，还要具有美学的眼光和文化的头脑。

第一，20 世纪 60 年代以来，商品的文化、审美价值逐渐超过其使用、交换价值。名牌效应实际上是一种符号价值；人们挑选商品样式超过实际功用，实际注重的是审美价值。提高格调、品味成为商品生产和销售的大问题。我国的建筑、旅游、服装产业的问题往往是因为格调低。例如北京的很多建筑物，往往比例、色彩搭配不对，产生一些常识性的问题，这主要因设计人员基本修养差，包括政府部门和批准部门的人员素质。导致北京建筑整体的问题，贝律铭说，新建筑很难搞"古都风貌"。这是美学问题、文化问题，需要各级人员的文化修养。又如旅游业，我国的自然景观很美，但人为建筑和导游的素质太差。设计、管理人员的文化修养，包括流通部门、政府部门，他

们的文化修养成了制约经济发展的"瓶颈"。

第二，21世纪最大的产业有两个：信息产业（高科技）和艺术产业。目前高科技产业已被认识，但艺术产业还并未被认识。高科技的发展与人和人之间的关系发展并不同步，物质提高了，反而使人之间的关系冷漠。从筒子楼到单元房，使得邻居多年互不相认。而"数字化生存"将给人类社会带来巨大的问题，这并不是人类的理想社会，必须要加上"艺术化生存"。到那时，人们对艺术的要求会更迫切，高科技要与高情感需求结合，艺术产品将会更被需求。现在已经产生工业产品向艺术产品转移的端倪。我国文化资源非常丰富，但长期未受到重视，或仅限于低层次利用。21世纪的艺术产业将有广阔的前景，可能是经济发展的新增长点。

综上所述，美育列入教育方针是一个极好的契机。21世纪中国的复兴，要使人民发挥原创性和智慧；而哲学、史学、艺术的教育，正是可以激发人的原创性的教育。美育可以使我们民族在新的世纪为世界贡献一批大师。为在高科技、数字化社会中保持精神的平衡和社会安定，为使经济持续增长，将美育列入教育方针是完全必要的。这是蔡元培先生（甚至可以上溯到孔子），提倡美育精神的继承和发扬，也是对时代呼唤的积极回应。

总之，美育的实施有助于促进学生追求美好理想，积极面对人生，从而培育高尚情操，提升人格境界；有助于促进学生心理健康发展，形成良好性格，从而培育健康心理，提升心理素质；有助于促进学生审美能力发展，增强鉴赏能力，从而培育审美情趣，提升生活品味；有助于促进学生智力充分发展，拓展知识领域，从而培育创新思维，提升创新能力，对促进学生全面发展具有重要意义。

7. 学校美育当前的任务

美育是我国学校教育的重要组成部分，是培养全面发展人才不可缺少的环节。

然而长期以来美育在我国学科教育中的处境却比较窘迫，现实状况令人忧虑。当前许多教育工作者（特别是一些教育主管领导）对美育的地位认识不足，在理论上还有不少问题需加深理解，在实践上有很多做法值得探讨。本文拟就我国学校美育中存在的问题提出一些粗浅的看法，以做引玉之砖。

我国学校美育现存问题透析

随着教育改革的不断深入，人们对学校美育的认识也在不断提高，在实际工作中也取得了一定成绩。但从整体上看，我国学校美育的现状还是不容乐观的，突出的问题表现在以下几方面。

（1）薄弱的美育理论导致美育的底气不足

建国以来，美育理论的建设是薄弱的。其间，美一度被视为资产阶级情调，那时美育在学校教育中已无地位可言，就更谈不上理论研究了。现在，美育已引起人们的重视，国家领导人在有关教育的讲话中多次谈到美育的重要性。但薄弱的美育理论导致了美育的底气不足，与现实需要相距甚远。

最突出的是对美育内涵理解上的片面性。什么是美育？现在有多种回答，美育是"美感教育"，"情感教育"，"艺术教育"，"美的教育"等等，这些理解把美育内涵界定在较狭窄的范围内。认识上的局限性让人们很难把握住美育与美学，美育与教育的关系，最终也就无法确立美育的独立目标。我国对美育理论的阐述主要是见于教育学、部分思想教育课教材以及部分学术刊物中，教育学教材一般把美育作

为一章来安排，把它作为全面发展教育的组成部分，与德、智、体、劳相并列。从教育学科的体系组合来看，这种结构是合理的，但由于理论不系统，文字太简约，很难看出其理论的深刻性和内容的丰富性，就其分量而言远不能与德育、智育相提并论，因而，在教学中，美育往往处于次要的地位，有的教师甚至对此视而不见，概不讲述。部分大学思想修养课教材中虽然也有独立的章节，但强调的是人生与审美，突出趣味性与实用性。在国内的美学著作中，有的对美育只字不提，有的略作阐述也只局限于审美方面。由此可见美育理论的建设与现实需要还相距甚远。

现在对美育较为常见的表述是"美育即审美教育"。这种提法比较接近美育的本质和特点，但仍不能涵盖美育内容的所有方面，如美学文化知识的教育。因而不利于保证美育在学校教育中的文化地位，也就不利于培养学生全面的审美素质。现在有人提出"美育是美学方面的教育"，我们认为这个提法很有道理。因为"美学方面的教育"，"绝不是美学的某一个方面，而是所有方面。在总体上也包括一切美学知识方面，一切审美方面和一切艺术方面。"这就能够更好地阐明美育、美学和教育的内在联系，以及美育与审美、与艺术、与美学文化知识的教育之间的关系。可惜，这种提法还未被教育理论工作者广泛采纳，未能形成教育实际工作者的共识。

由于对美育内涵理解的局限，现在关于美育功能的认识，美育途径的探索都还难以深入下去。

（2）美育师资的短缺与浪费形成美育怪圈。

师资问题是制约我国美育发展的一个重要因素。一方面是美育师资数量和素质状况不理想，另一方面是具有一定素质的美育师资的断层问题十分突出。现在，我国小学教师队伍中，没有受过师范教育的民办教师在农村教师队伍中还占有较大比重，其中不少人既教语文、

数学，也教音体美等其它课程，一个人"包打天下"，但其音乐、美术等美学方面的知识和能力素质是很不尽人意的。农村中学，兼职教师任音乐、美术课的情况也相当普遍，从年龄结构上看，文革以前系统地受过师范教育的中小学教师大部已退休或即将退休。现在起骨干作用的中年教师，他们上中小学时正值美作为资产阶级情调遭批判的时期，致使他们失去了很多接受美育的机会，因此也就缺乏对学生进行美育的知识和能力。总的说来，如今美育师资是非常缺乏的。令人难以理解的是一方面美育师资紧缺，另一方面很多艺术类毕业生到了中小学却不能从事自己的专业教学，学校为了升学压力都拼命把音、体、美课程压缩下去，有的农村中小学甚至根本不开音乐、美术课。目前艺术类教师中很大一部分人不安心于教学，而热衷于教学以外的一些活动（如搞第二职业等），或者跳槽，这种师资流失或隐性流失的现象也比较严重，如不采取有效措施予以克服，其后果是不堪设想的。美育师资的短缺与浪费这个怪圈的形成，根源还在于人们对美育意义的认识有限，以及相应的政策滞后，措施不力。

（3）升学率重压下岌岌可危的美育地位。

反思我国学校教育中的不足之处，有人形象地概括为："文革前只学课本，文革中只背语录，文革后只奔'科举'"。这虽有几分夸张，但也切中要害。特别是现在，奔"科举"的现象还比较突出，主要表现就是片面追求升学率之风越演越烈。在如此重压之下，美育的地位就更加岌岌可危了。首先，美育课程在学校教学中得不到保证。以升学考试为指挥棒，有人把中考、高考科目称之为主科，升学不考但须会考的科目称之为副科，而音乐、美术、体育被称之为"小三门"或"小儿科"。现在很多省市已在中考中加试体育，"小儿科"就只剩下音乐和美术了。因此，作为学校美育重要手段的艺术教育，成为最薄弱的环节。其次，美育课程教学条件差。由于认识的不足和师

资短缺，加上设备简陋，不少中小学的音乐、美术课完全成为一种摆设，领导、教师和学生都不重视，教学手段极其落后和简单。由于条件艰苦，又得不到理解和支持，任课教师也就缺乏提高教学质量的动力和信心。再次，一些重视美育的学校中存在着美育的智育化倾向。美育过程中，美学文化知识的传授无疑是十分重要的，由于受传统教学模式的影响，美育中也有在着重知识传授，轻能力培养的现象，教学中偏重于艺术类专业知识的学习，而忽视审美能力的提高和正确审美观的养成，这与美育的宗旨是有距离的。在艺术类师资的培养过程中还存在的另一种倾向是，偏重于把学生培养成具有一技（艺术技能）之长的人，而不够重视全面素质（特别是美学素质和品德修养）的培养，所以有的学生在校是高材生，走上工作岗位后专业方面也不错，但就是不能成为一名合格的美育教师。

（4）狭隘的美育观是美育的瓶颈。

不少校长和教师都认为美育是美术课、音乐课老师的事，这是一种狭隘的美育观，这种认识主要源于"美育即艺术教育"。在凯洛夫的理论中也几乎把艺术教育当作美育的同义语来使用。艺术教育无疑是美育的重要组成部分，是美育的重要途径和手段，但是，美育比艺术教育要丰富、广泛得多，把美育限于艺术教育，就不利于非艺术方面（如自然美、崇高美、人生美等）的审美素质的培育。

狭隘的美育观必然影响着音乐、美术以外教师实施美育的自觉性：能动性和创造性。学校美育的一个重要特征就是审美教育可以寓于所有学科的教学活动中，如数学学科中几何图形的美、思维过程的美；生物课、自然课中的自然美；语文课中的语言美、文学美等等。所以，作为一名教师、除了具有本学科的专业知识和能力外，还应具备必要的美学知识和审美修养，具有明确的美育意识，应自觉、主动地把美育贯穿于学科教学之中。此外，教师还应在日常行为中表现出自己美

的修养和风范，以身教来达到潜移默化的美育效果。特别是中小学，学生有强烈的向师性，教师的动作、语言、衣着、板书都是学生模仿的对象。因此，万万不可忽视教师的榜样作用对学生的影响。学校美育的另一特征是，在丰富多彩的课外活动中充满着美育成分，如文体活动、团队活动、参观、郊游、劳技、社会实践等等，因此，美育需要全校教职工齐抓共管，而共管的前提是共识，只有形成"美育是大家的事，美育与丰富的教育教学活动相联系"的共识，才能开创美育的新局面。

（5）学校、家庭和社会美育的错位现象。

"学校、家庭、社会教育的一体化是现代教育的客观要求，美育同样需要学校、家庭、社会三者形成合力。

学校美育以其目的性、计划性、组织性在学校教育中起着重要作用。就现实情况而言，能够按教育方针要求把握住美育方向，以马克思主义的审美观来指导教学，但同时也面临着认识不足、重视不够、措施不力等问题。

家庭是美育的摇篮。苏霍姆林斯基曾说过："儿童时代错过的东西，到了少年时期就无法弥补，到了成年时明就更加无望了。这一规律涉及到孩子精神生活的各个领域，特别是美育。"美育是早期教育的重要组成部分，家庭对美育有着特殊的意义，父母对子女审美观的形成具有导向性和制约性。作为父母，应该当好孩子的第一位美育老师，因此，父母应当正确引导、为孩子设计一个美的环境、训练孩子发现美的眼睛和耳朵，塑造美的心灵。遗憾的是现实情况离这些要求还有不少差距。在我国，不少父母自身的文化知识和审美修养还不高，在这样的父母怀抱里就很难培养出美感丰富的孩子，因为不懂艺术的父母不可能在孩子心田播下艺术美的种子，知识贫乏的父母更难在他们与孩子之间架起美的桥梁。由于经济转轨给人们带来诸多的不适应，

特别是市场经济建立的初期，人们的心理产生不平衡现象，捞足了的恃财气傲，目空一切，奢侈腐化；赔了本的满腹牢骚，怨天尤人，满口脏话；不少观望者也被拜金主义、极端个人主义、享乐主义所感染；近年来社会上的一些传播媒介客观上给美育带来不少消极影响。许多内容不健康，格调低下的文艺作品和庸俗不堪的音像制品在严重地腐蚀着青少年。在不良的社会文化环境的消极影响下，致使一部分青少年审美情趣低下、美丑不分，有的甚至走上犯罪道路。

青少年审美素质的提高需要学校、家庭、社会的共同努力，任何一方面的消极或滞后，都会使美育事倍功半甚至前功尽弃。

美育走出困境的思考

美育要走出困境，必须在对美育现状进行透析的基础上，发现问题之所在，采取一些有力措施。我们认为，在今后较长的时间里，应当从以下几方面努力。

（1）加强美育理论的建设是美育上新台阶的基础。

理论对实践的指导作用是人所共知的，当前美育发展的当务之急是理论建设。

首先是对美育概念的正确诠释。现在关于美育内涵、美育功能、审美的心理过程等等还存在多种说法，作为学术争鸣这是正常的，但如果对美育基本概念的认识长期处于一种模糊的状态之中，势必影响其理论的深入研究和实践活动的目的性。

其次是美育理论体系的构建，这是一个非常薄弱的环节。过去人们论述美育一般只有功能论和途径论两部分，显得没有根基。因此，从全息性的审美实际出发，按照现代美学和现代教育学的要求来构建美育的体系，美育也应该像德育一样引起人们对其基础理论体系研究的重视。最后是美育理论的宣传和普及，美育理论如果没有其忠实的实践者和爱好者，那只能是虚幻的空中楼阁。美育理论的宣传和普

应从大众的审美兴趣、美学知识和审美能力入手。当人们美育认识普遍提高，美学知识和审美能力成为大众的必需品之时，也是美育找到归宿之日。

(2) 素质教育的真正落实是学校美育走上正轨的政策保证。

片面追求升学率客观上成为学校美育建康发展的拦路虎。现在国家教育决策上已提出，要从过去的升学教育向素质教育转变，注重人才的全面发展，冷静地分析，由于国情所限，今后较长的时期内，中、高等教育还不能满足众多求学者的需要，追求升学率的状况也就难以彻底解决，目前的素质教育只能是既注重升学率，又注重学生的全面发展，现在中考、高考加试体育或音美的做法或想法无疑只是一种应急措施，它并不是真正意义上的素质教育，实质上也是供追求升学率来解决人才的片面发展问题，是治标而不是治本，因此，弄清素质教育实质，从政策法规上给予保障，使之真正落实，学校美育才能走上正轨。

(3) 教师审美素质的提高和艺术类教师数量的增加是美育健康发展的基本条件。

寓美育于各科教学之中应当是广大教师的共识。十年文革造成的师资断层，我们无须怨天尤人，而今天刚走出师范大门的广大教师审美素质依然先天不足，则应当引起我们高度重视，重视和加强师范院校的美育课程建设是一项重要而紧迫的任务。当前应当着重抓好三方面的工作，一是充实和加强教育学、思想道德修养这两门课中的美育教学内容；二是开设选修课和系列专题讲座，加强课外美育活动；三是力争在师范院校开设美育必修课程。

艺术类师资数量和质量直接关系到我国美育的发展水平，因此，一方面要充分挖掘高等学校和中等专业学校的办学潜力，培养出更多更好的艺术类师资；另一方面又要消除艺术类师资流失与浪费的怪圈，充分发挥艺术类课程在我国学校美育中的主渠道作用，以此带动学校美育的全面开展。

（4）学校、家庭、社会的互相配合可以给学校美育以强大的推动力。

显然，学校无力承担家庭和社会的教育责任，也无力对家庭和社会教育的负效应进行全面的补救。因此，家庭、社会必须与学校紧密配合，形成教育合力。

而现在家庭和社会中对美育的消极影响还十分严重，如何提高家长和社会各界人士对美育的认识和美学修养，这是一项长期而又艰巨的任务，为此，国家应加强社会文化艺术行业的管理，净化文化市场，建立和完善艺术教育的法规，充分发挥国家宣传媒介的积极作用，开展广泛的美育活动，调动社会上影响较大的文化艺术团体，为青少年提供充足的精神营养，现在不少有识之士正积极编写这方面的家长丛书和开办家长学校，这对提高家长的知识素养和教育能力无疑能起到很好的作用，今后应加强这方面的工作，我们相信，当学校、家庭、社会齐抓共管，形成合力之时，美育必将步入良性循环的轨道。

8. 学校美育的价值

美是人们创造生活、改造世界的能动活动及其在现实中的实现或对象化。作为一个客观的对象，美是一个感性具体的存在，它一方面是一个合规律的存在，体现着自然和社会发展的规律，一方面又是人的能动创造的结果。所以美是体现社会生活的本质、规律，能够引起人们特定情感反映的具体形象（包括社会现象、自然现象和艺术形象）。美是事物的一种客观的社会价值或社会属性。

美育即审美教育或美感教育，是培养学生具有正确的美学观点和鉴赏美、创造美的能力的教育活动。就是通过有目的有组织地引导学生在学习活动中对丰富多彩的美的事物进行鉴赏，从而发展他们正确的审美观点、良好的审美能力，主动表达美、创造美的能力，培养学生高尚的情操和文明行为习惯，为实现学生全面发展创造必要条件。

美育是学校教育的有机组成部分，这是由美育的性质与自身特点决定的。美育在学校教育中的价值，主要表现在以下几个方面：

有利于陶冶人的情操

人的行动总是受一定的情感支配的，人的情感对人生实践具有重要意义。而情感的开发与升华，只能通过情感的作用。人们在欣赏艺术或其他美的事物时，其想象、情感、认识等各种心理能力便被激发而活跃起来，产生不同的心理体验：或悲哀、或喜悦、或愤怒、或警觉、或感到崇高，或觉得渺小，然而最终都获得了一种精神上的满足和愉悦，也就是说，获得了审美享受。恩格斯这样描述文学作品给劳动者带来的审美享受："……使一个农民作完艰苦的日间劳动，在晚上拖着疲乏的身子回来的时候，得到快乐、振奋和慰藉，使他忘却自己的劳累，把他的贫瘠的田地变成馥郁的花园。民间故事书的使命是使一个手工业者的作坊和一个疲惫不堪的学徒的寒碜的楼顶小屋变成一个诗的世界和黄金的宫殿，而把他的矫健的情人形容成美丽的公主"。鲁迅先生曾说过："一切美术之本质，皆在使观听之人，为之兴感怡悦"。这是文学作品的娱乐作用。在某种程度上可以说，艺术欣赏活动是人类的一种娱乐方式。

优秀的艺术作品还可以从精神情操上陶冶人，提高人，帮助人们形成健康的价值观，培养全面的和谐发展的个性。审美活动是感性与理性相统一、情感和理智相和谐的精神活动；在审美活动中，由于艺术形象是"按照美的规律"创造出来的，生活中经常碰到的真与善、个性与社会、必然与自由的分裂和对立在它内部得以消除而实现了和

谐的统一，即实现了美。所以，学生通过对艺术作品的欣赏，在获得美感享受的同时，还学到了真，习得了善，培养了想象力和创造力，加强了趋向真善美的意愿，陶冶和提高了他们的情操，从而使个性得到全面和谐的发展。学校美育就是在教师的引导下，充分挖掘优秀艺术作品和美的事物的价值，使学生在欣赏中得到教育和发展。

审美教育是一种自由形态的教育。它以潜移默化的、"寓教于乐"的形式，来实现净化人的心灵的目的。因为它寓理于情，寓教于乐，充分调动了学生活动、学习的主动性和积极性，因此学生乐于接受。19世纪俄国作家萨尔蒂科夫·谢德林曾指出艺术典型对人的巨大影响："在新的典型的影响下，同时代的人不自觉地养成了新的习惯，接受了新的观点，有了新的姿态，一句话，渐渐把自己改造成一个新的人"。优秀的艺术作品在帮助学生树立远大的人生理想方面能发挥重要的作用。树立什么样的生活理想，对于一个学生的一生和对于社会来说都是一件影响深远的事情，它与学生的价值观形成有密切关系。优秀的艺术作品总是闪耀着理想的光辉，向人们昭示出人生的意义。美育就是运用人类社会创造的一切美，对青年学生进行美化自身的教育，使他们具有一颗丰富而充实的灵魂，并渗透到整个内心世界与生活中去，形成一种自觉的理性力量。

有利于促进心理结构的"内化"

实施素质教育的关键，就是要将道德、知识等教育转化为学生的一种精神素质发展过程，使之养成真善美相统一的人格。美育由于冲破了狭隘的功利主义，并且是一种自由形态的教育，所以比较容易与其他教育相结合，并渗透到其他教育之中去。使不同内容的教育在学生身上形成有机的统一、整合，使外在的影响，内化为学生协调的心理因素，促进学生心理结构的循序完善。

孔子说："知之者不如好之者，好之者不如乐之者"。一个人仅知

173

道什么是不够的，只有从情感上产生爱好，才能心悦诚服，才会在行动中发挥出最大的积极性与创造性。可见，美育具有全方位的作用，能够把其他教育带动起来，形成为一个有机体。

有利于拓展学生认识领域

"艺术反映生活"道出了艺术的意识形态性质，它终究是现实生活的一种特殊反映形式。我国清初文学家黄宗羲说："诗之道甚广，一人之性情，天下之治乱，皆所藏纳"。说明艺术反映着客观世界，或客观的社会关系和历史的客观进程，也反映人的主观世界——人的思想、情感、情绪等。宇宙和人生中的任何领域凡成为人类活动的对象都可以成为艺术描写的对象，因而也都可以在艺术中以不同的方式得到反映。在现实主义的叙事性作品中，不仅生活的本质规律得到深刻的揭示，而且生活的存在形式也得到尽可能真实的描绘。这就在为人们提供审美价值的同时，也提供了一种近乎历史文献的价值，后人也就可以既从审美的角度来欣赏它们，也可以从历史的、经济的、民俗学的或其他的角度来研究他们，赞赏他们。马克思、恩格斯正是既从审美道德角度，又从历史的角度来称赞狄更斯、巴尔扎克等批判现实主义大师的高度成就的。同样，我们也可以引导学生既从审美的角度，又从历史的角度和民俗学的角度去欣赏或研究。如欣赏张择端的《清明上河图》，在得到美学上的享受的同时，也可以了解一千多年以前的开封百姓的生活等。浪漫主义艺术不能像现实主义那样提供对客观生活外观的忠实描绘，但却能给人们提供一个时代人们的理想、幻想和激情的生动表现。它同样可以给欣赏者以知识和智慧的启迪。

无论是何种艺术方法、艺术流派、艺术风格的作品，无论它多么怪诞，都有其相应的现实基础，因而也必然以不同的方式折射出现实生活的某些特征，表现出艺术家精神世界的某些方面，因而具有不同的认识价值。通过学校美育活动，引导学生在审美中，扩展他们对自

然、社会、人生的思考和认识，丰富学生的知识。

有利于提高思维能力

人类认识事物的思维形式分为形象思维与逻辑思维。两种思维密切相关，从思维的发生学来说，形象思维是基础，没有形象思维也就没有逻辑思维。所以，要提高人的思维能力，尤其对于广大青少年来说，更要注意形象思维的教育和培养。美的具体存在形式，丰富的艺术作品为学生的学习提供了丰富多彩的具体形象的认识对象，对这些具体形象的研究和把握，能丰富学生的表象，促进学生形象思维的发展。

有利于提高学校教育的整体效益

在学校教育中，贯彻整体性教育原则对于提高教育效益、实现教育目的具有很好的作用。充分发挥美育的组织功能，在美的欣赏和创造过程中，培育和发展学生的阶级和民族意识、爱国主义、集体主义感情，在实践活动中，培养青少年的纪律精神和能力对提高学校德育、智育、体育和学校管理工作效益，实现学生德、智、体、美等方面的全面发展，具有无比的优势。因为，一方面优秀艺术作品融注了艺术家的思想感情，需要广大观众、听众和读者的共鸣。共鸣就意味着思想感情的沟通，意味着艺术家与大众在对生活的某些方面的见解和态度上取得一致。正如高尔基说的："任何艺术，不管有意识或无意识地都有一个目的，就是启发人的某种感情，培养他对生活中某种现象的这样或那样的态度"。艺术的这种社会组织功能，使它成为联结阶级、民族或人类的精神纽带，在启发青少年的阶级和民族意识、培养爱国主义、集体主义等情感方面发挥不可忽视的作用。另一方面，集体性艺术活动的形式也具有良好的组织功用。英国戏剧理论家马丁·艾思林认为，群众性的艺术活动，与群众性的庆祝或礼仪活动一样有着类似的社会效用，即能使人们"直接地深切地体验到把他们作为社

会团体紧密结合在一起的力量"。著名人类学家马林诺夫斯基也认为："在部落的盛大集会中，共同舞蹈和歌唱时审美经验的沟通，装饰艺术和名贵品的展览，有时甚至于食物的积累中，都可以把一个团体在强烈情感之下团结起来"。艺术或美的事物的这种作用，在美育过程中，一旦转化为学生的需要，就可以对他们的纪律性发展起到促进作用。因此，提高他们在集体性的教育活动中的行为一致性，从而降低教育管理的投入，提高教育管理的整体效益。

六、有利于培养新型人才

我们正面临着知识经济的时代，教育只有面向现代化、面向世界、面向未来，注意知识结构的综合化，而不囿于某一学科的单一知识，才能够培养出符合时代要求的新型人才。教育的精髓是启迪智慧，培养创新精神。美国诗人惠特曼说过：智慧是从灵魂中引发出来的。智慧是知识、修养、经验与情感的有机结合，已成为人的一种素质。美是运用客观规律以改造客观世界的能动创造的实践活动的实现；是在合目的的实践活动的过程或结果上所表现出来的对人改造世界的能动的创造性、智慧、才能和力量的实现的肯定。当客观规律不仅为人所认识，而且被运用于改造世界的实践活动，它的感性具体的存在形式成为人的能动创造的活动必须掌握的东西，并成为对这种活动的肯定的时候，才具有了美的意义。在现代社会中，一个人不管干哪一行，如果不懂得美学和审美，就不可能真正做好工作，成为优秀人才。创造是艺术的重要特征之一，在审美教育过程中，青少年通过审美知识学习、艺术作品的鉴赏，领略艺术创造者的创造智慧、才能和能力，加深对艺术品所反映事物的理解，提高自己艺术鉴赏能力的同时，也改变了自己对事物理解的旧有的思想和方式。这样长时期的熏陶，可以提高自己的艺术素养和按照美的规律进行自我完善的能力，按照美的规律开展社会工作。事实也表明，真正有名望的大学者，他们的成

功和他们所受到的良好美育是分不开的。

综上所述，学校美育在培养学生全面发展方面发挥着重要作用。它是从塑造美的心灵着手，使个体成为一种立体。美育着眼于人的整体发展，人的身心的健全发展，所以，美育能从更高的角度塑造学生成为完整的人。

9. 学校美育的现代建构

当前学校美育面临着重新定位和建构的紧迫任务，这一任务的提出，乃是基于对时代条件、文化背景和教育领域发展趋势的认识，有着非常现实的依据。

我们正处于世纪之交这一特殊的历史分界线上，在全世界的范围内，新技术革命正在坚定不移地将人类社会推向工业化的进程，这促进了人类文明的长足发展，同时也为人类造成了巨大的困惑，其中一个突出的问题就是物质与精神彼此失衡的情况愈演愈烈，高新技术带来的物质奇迹淹没了人的主观能动性，不同行业和部门之间的隔膜压抑了人们交流思想、传递感情和相互对话的天然需要，日趋精细的劳动分工导致人的能力的片面化、单一化，人的精神生活已经失去了对于物质生活的对抗性、超越性和批判性，反而被物质生活所同化、所收买，文化艺术变成了为物质需要进行辩护和论证的单面领域。中国的现代化虽然起步较晚，但也正在奋起直追加入这一世界性的进程，在历史舞台上展现出一幅热气腾腾、有声有色的壮观场面，同时西方发达工业社会所遇到的困惑在我们这里也开始露出端倪。在这种情况下，人们开始向往在现代经济活动中高新技术与深厚感情的平衡，谋求以情感的柔性来调剂技术的刚性，呼吁以个人价值体系的发展来弥补技术的非个人性质。西方不少有识之士对此开出了各种各样的药方，

但是问题最后都归结到教育。约翰·奈比斯特提出学校教育应加重价值观教育的分量，以期"把技术的物质奇迹和人性的精神需要平衡起来"，阿尔温·托夫勒认为学校应通过课程设置、教学内容和方法的改革帮助学生建立起一套作为选择目标和决定行动之标准的价值观，以利于在未来生活中技术与价值之间相互产生积极影响。路易·多洛指出，当今学校教育"应该再一次回到人的身上来"，使学生有可能选择最适合于自己个性发展的价值观，技术进步只有纳入一定的价值体系，才能全面推动文化的发展，在此过程中教育绝不是多余的。由此可见，当代西方未来学家、文化学家大都趋于这样一种共识：在工业化社会中教育应当进一步体现一种人文关怀和人文导向，促进人的情感、个性、价值观得到健全的发展，使人的精神生活与物质生活和谐地协调起来，构成一种合理、完满的文化品格。当然我们与西方发达工业社会体制不同、国情各异，不能一概而论，但是上述西方学者所揭示的问题以及为解决这些问题所提供的方案，对于我们所思考的问题显然不无意义。

目前我们所处的文化背景不同于以往任何时代，这是一个大众文化深入人心的时代，市场经济、商品大潮为大众文化时代的到来拉开了大幕。大众文化是一种以经济实效原则为杠杆，以大众传播媒介为载体的消费性文化，这一文化特质决定了大众文化的许多长处，同时也造成了它的某些缺陷，在大众文化背后起着操纵作用的工具理性、技术统治和市场权力正在严重地消解着文化的精神性而代之以物质性，降低了文化的人文含量而不适当地提高其技术含量，例如商品广告对于大众传播媒介日益专断蛮横的侵占和控制正是物质无情地挤压精神这一现状的生动写照。这种物质与精神相互失衡的情况有可能导致物本位倾向的抬头。另外，大众文化的商品性一旦失去约束而发展成为商品化的倾向，事情就有可能走向反面，出于赢利的目的，大众文化往往追求娱乐性、消遣性和刺激性，以提高上座率、收视率、发行量和畅销度，对于人们的官能快感、感性欲望、原始冲动的过度纵容和曲意迎合有可能孵化出一种浅薄、粗陋、萎靡、弛懈的文化风尚，对于推动社会进步的奋斗精神、进取精神和创造精神将产生严重的消解作用。凡此种种，对于青少年危害尤烈，成为目前青少年中出现的许多问题的深层原因，同时对于当前的学校教育也提出了新的挑战。

再从教育领域的发展趋势来看，人们对于在社会主义市场经济体制下学校教育的任务和目标的认识已日趋明确、日趋一致。党的"十四大"制定了"必须把经济建设转到依靠科技进步和提高劳动者素质的轨道上来"的宏伟战略目标，党的十四届三中全会又郑重告诫全党，社会主义市场经济体制的建立和现代化的实现，最终取决于国民素质的提高和人才的培养。《中国教育改革的发展纲要》指出："发展教育事业，提高全民族的素质，把沉重的人口负担转化为人力资源优势，这是我国实现社会主义现代化的一条必由之路。"最近江泽民总书记在全国教育工作会议上的讲话中又一次地重申了上述基本精神。由此可见，从中央开始，已经明确认识到，人的素质的培养和提高应成为当前教育工作的中心。另外，在《纲要》关于美育的论述中明确指出："美育对于培养学生健康的审美观念和审美能力，陶冶高尚的道德情操，培养全面发展的人才，具有重要作用。"这可以看作是上述认识在学校美育中的具体化。这些基本精神和思想对当前学校美育的重新定位和建构无疑具有重要的指导意义。

提出学校美育的重新定位和建构这一目标，也是针对以往美育所存在的问题，具有现实的必要性。

首先，建国以来，学校美育在教育方针中的地位几经起落，一直处于不稳定的状况。在 50 年代初期（1952）教育部所颁布的关于幼儿园、小学、中学的三个《暂行规程》中，都将美育列为与德、智、

179

体育同等的地位，强调美育在整个教育机制中的重要意义。但在 1957 年制定的教育方针中却取消了美育的位置，后来在越来越左的政治路线影响之下，导致了当时学校教育中忽视甚至取消美育的后果。在中共中央八届九中全会（1961）以后，随着"调整、巩固、充实、提高"方针的贯彻，针对教育领域中左的倾向，人们又重提美育在学校教育中的地位和作用，并在不长的一段时间内取得明显的效果。但是不久后"文革"一起，美育被当作封、资、修的东西而遭到无情的荡涤，在十年浩劫中，美育在教育领域中几乎绝迹。党的十一届三中全会以后，改革开放春风的吹拂使得教育领域万物复苏、百废待兴，而美育也再次被提上学校教育的议事日程，1981 年颁布的《全日制六年制重点中学教学计划试行草案》中增加了培养学生审美能力的内容，1986 年全国人大通过"义务教育法"，当时的教委负责人对该法所作的说明中指出，在中小学教育中应当贯彻德智体美全面发展的方针。特别要提到的是，在 1993 年中共中央国务院制定的《中国教育改革和发展纲要》中专节论述了美育的重要性。但是目前美育的内容尚未被列入教育方针，还没有取得立法的地位，目前教育方针仍然采用"培养德智体全面发展的建设者和接班人"这一提法，与《纲要》的精神还存在着不相一致之处。

其次，对于美育的本质还存在着认识上的偏差，一些流行的观念还未得到有力的纠正。一种观点认为，美育是德育的一部分，从属于德育，美育是实现德育的工具、途径和辅助手段，这种观点过于强调美育与德育之间的联系，但忽视了美育与德育之间的区别，以至取消了美育的独立性，否认美育在目的、内容、功能、方式上的特殊性，不利于美育的展开。另一种观点认为，美育即艺术教育，是关于绘画、音乐、舞蹈等艺术技能、技巧的培养。这种观点的不足在于将美育的功能限度缩小和降低了，仅仅局限于培养具体的技能、技巧的范围，而没有在塑造新型文化品格这一更高的层面上来认识美育的意义。还有一种观点认为，美育是一种情感教育，这是就美育与德、智、体育的分工而立论的，即认为德育是道德品质的教育，智育是知识、能力的教育，体育是身体素质的教育，相对于此，美育则是情感的教育。这种分析是有道理的，但又是不够的，因为美育的目标不仅仅在于情感教育，还在于人文品格的塑造，人文品格的丰富内涵并非情感生活一端可以囊括，故仅谈情感教育有以偏概全之弊，有可能取消美育的丰富性。

再次，目前学校美育的现状也不容乐观，而目前学校美育之困境的造成，既与社会文化环境有关，又与教育体制、教育思想分不开，同时也是由对于美育本质的模糊认识所致。其一，目前学校美育受到当代社会文化环境中消极因素的干扰，而学校美育的力度与这种干扰的强度不成比例，形成较大反差，学校美育的内容和形式相对落后，其作用和效果相对有限，中小学教师在一个学期中苦口婆心的教育所取得的成效可以在一个假期中丧失殆尽，大学教师辛辛苦苦教了四年所达到的效果抵不上毕业分配所带来的思想波动。其二，学校美育在学校中受到智育的排挤，而所谓"智育"又在很大程度上受制于考试和升学率，由于目前教育体制所存在的问题，升学率成了支配学校教育的指挥棒，普遍存在以升学率评校、评教、评学的情况，相形之下，美育变得可有可无，其重要性在思想上得不到确认，甚至在教学内容和课程安排上都得不到保证。其三，目前学校美育的目的和内容不明确，一般偏重于初步的艺术鉴赏和艺术创作能力的培养，人文导向的目标感不强烈，造就新型文化品格的目的尚未真正确立，同时美育的形式也偏于陈旧、落后和单调，运用现代化科技手段不够，严重影响到美育实施的水平和效果。

最后，当前学校教育最突出的问题是如何适应社会经济体制的转

型，培养"四化"建设所需要的人才。如前所述，在当前社会经济体制转型的大背景下，人的素质的培养和提高的问题显得十分突出，人的文化品格的重建尤显急迫，但是目前学校美育并未对此给予足够的重视，并制订相应的实施方案，在培养社会所需要的人才方面存在着不相适应的情况。

总之，明确当前学校美育的重新定位和建构这一目标，并将其落实在培养和造就新型的文化品格之上，这不仅具有充分的现实依据，而且也是历史的必然要求。

通过以上关于学校美育重新定位和建构的客观依据和必要性的考察，我们对于美育的本质可以在更高的层面上形成更加确切的认识。

首先，美育并不是具体的艺术教育，也不是单一的情感教育，美育有着更高的目标和更丰富的内涵，它是美学这门"人的哲学"在教育领域中的具体应用，充分体现着美学的人文精神。美学以对于永恒的宇宙之谜和深邃的人生真谛的思索、追踪和破解为使命，它通过对于人类命运的终极关怀、对于存在价值的不断追问和对于生命意义的最高阐释而为人类进步提供有力的人文导向，为历史发展增添巨大的精神动力，美学关心的是人的本质、价值、潜力、目标、成就等一系列终极性的问题，是如何提高和优化人的情感生活、文化素养、价值取向、精神旨趣等根本性的问题。美学丰富的人文内涵使得美育的重新定位具有了内在的依据，当代学校美育应高扬人文精神，体现人文关怀和人文导向，以培养和造就青少年新型的文化品格为神圣使命。

其次，强烈的人文精神和深切的人文关怀也就把美育与德育区分了开来。德育偏重于思想观点、政治觉悟和道德品质的培养，而美育则偏重于精神素质和文化品格的培养，与德育相比较，美育进入了更为宽广的文化的领域，更富于文化的意味，这一点也就决定了美育与德育在内容、形式和性质上的重大差别：其一，德育是一种规范教育，

它注重培养青少年的理智力和意志力，使之能够按照一定的社会准则和道德规范来约束自己的思想行为；而美育则是一种发展教育，它注重在审美过程中培养青少年的创造力和建构力，并按照一定的美学原则去引导他们发展个性和人格。其二，德育是以理服人，重在说服、训示和灌输；而美育则是以情动人，重在引导、启发、劝诱，它要调动学生自身的感受、体验和领悟，依靠学生精神的自我建构，来达到个性的发展和人格的完善，因此这是一种双向互动的教育，在美育过程中，学生始终保持其主动性和自由度。其三，德育注重社会性人格的培养，强调个人对于社会的服从；美育则注重个体人格的培养，更多关心青少年的个性发展，更多强调实现自身价值、发挥个人潜力、健全个性心理和提高个人素质的必要性，并在此基础上谋求建立一种更加合乎人性的合理完满的社会秩序和社会准则。总之，拿德育与美育作比较，前者偏于社会尺度，后者偏于个性尺度；前者遵循现实性原则，后者遵循理想性原则；前者持社会本位，后者持人本位，因此尽管美育与德育可以相互渗透、补充和辅助，但是二者却不能相互包容、取代和排斥。

再次，美育的人文精神在本质上是形而上的、理性化的，带有很强的理想色彩，它常常表现为一种人文理想。这种人文理想只是一种价值观念，它不完全属于知识的领域，而在一定程度上属于信念、信仰的领域，是一种价值的界定、意义的界定，它通过提供某种信念和信仰的概念、范本以凝聚整个社会的精神结构，使得时代精神、社会心理和民族风尚保持在一个较高的水准之上，使得人们的社会行为包括政治、经济、文化行为保持一种健全、合理、向上的趋势，进而有效地达到一定的社会目标。

一般说来，健全的社会价值体系必须由两个部分构成，一是现实价值观，一是理想价值观，这二者相互抗衡、相互制约，使得整个社会得以在相对稳定的状态中向前发展。在社会主义市场经济体制下，社会价值体系的建立也必须有这两个部分，现实价值观讲究功利性、实效性、自主性和本位性，凭借这种现实价值观可以促进社会经济和社会生产的发展，但是也可能导致金钱至上、唯利是图、损人利己、见利忘义等不良风气的滋蔓，这就需要理想价值观来加以制约，加以引导，以信念、信仰的冲动力来制衡经济的、物质的冲动力，理想价值观并不强求人们必须如何行事，而是靠信念、信仰的精神力量感召人们应当如何行事，进而形成一种既讲究实效、又承担道义，既主张竞争，又鼓励互助，既承认利益原则，又强调义利并重，既保护个人利益，又明确社会义务，既重视行为的目的性，又提倡手段的合理性这样一种整体社会价值体系。

学校美育所体现的人文精神、人文理想便归属于理想价值观的范畴，它通过向青少年提供某种审美理想的概念和范本，对其人生态度、人格境界、心理结构、文化素养发挥规范和引导作用，进而培养和造就一种新型的文化品格。

第四，当代学校美育不应全盘照搬西方模式，也不应简单地回归传统，而应立足于当代，立足于中国，立足于社会主义市场经济体制给社会文化环境带来的变革和进展，应善于发现和大力弘扬当代精神结构中那些具有生长性和生命力的因素，那些具有超前性和未来性的质点，例如当代人的参与意识、竞争意识、主体意识和风险意识，当代人开放的心态、开阔的视野、优化的知识结构，当代人的创业精神、开拓精神和务实精神，当代人勇于选择、勇于实现自身价值、勇于承担责任的胸怀，当代人的社会责任感和道义感等等。当前学校美育应以这种新型的时代精神为核心、为基点，去凝聚和整合我国传统文化中具有现代生命力的因素，"五四"新文化运动特别是新民主主义革命以来形成的优良传统，以及西方文化中积极有益的成分，达到一种既体现时代特点和中国特色，又融汇古今中外优秀文化的现代建构，形成一套可供具体实施的新体制、新规范、新内容。

这里有三个方面的关系需要很好解决：

其一，要解决我国传统文化的现代转换问题，传统文化已经成为一种思想原型深深地凝结在中国人的心理结构之中，其中许多因素已经不适合于现时代，尤其是不适合于社会主义市场经济体制的要求，属于死去的东西，如保守主义、平均主义、中庸之道等，但也有不少方面在今天仍然具有积极意义，属于仍然活着的东西，例如自强不息的奋斗精神，舍生取义的崇高气节，重义轻利的人格境界，以天下为己任的爱国精神等等，当代美育的一大任务便是以当代新型的精神结构为标准，激浊扬清、去芜存菁，在现代条件下使传统文化的生命力得到发扬光大。

其二，对于"五四"新文化运动以来，特别是新民主主义革命以来所形成的优良传统，同样存在着一个现代转换的问题，不可否认，其中也存在着与现代生活和现行体制不相一致的方面，这就需要注入新的内容，赋予新的形式，使之与新的时代精神相互接轨。

其三，对于西方文化中积极有益的成分应持"拿来主义"的态度，而不应一概拒之门外，西方文化中存在着许多负面因素，但同时也有大量正面因素，后者是全人类共同的精神财富，同样是建构当代文化可贵的思想资源，对待传统文化和西方文化大可不必厚此薄彼，民族虚无主义固然不对，国粹主义也显然是错误的，如何吸收西方文化的有益成分，作出符合中国国情的改造和运用，这也是当代美育的一个重要课题。总之，以社会主义市场经济体制所孕育的当代新型文化为本位，在与传统文化、西方文化和"五四"新文化以及新民主主义革命文化的多方对话中保持自己的主体性地位，在促进其他文化形式向当代新型文化的转换过程中实现美育的当代建构，这应该成为我

们坚定不移的目标。

根据以上对于当代学校美育的再认识，可以提出以下几条具体实施意见：

首先，青少年的教育和培养问题关系到祖国的前途、民族的未来，应是我们各项工作的"重中之重"，必须引起全社会的高度重视，放到优先发展的战略位置上来加以认识。当前学校美育的正常开展，需要一个优化的社会文化环境，需要社会美育和家庭美育的积极配合，这就需要提倡一种全民重视教育、重视美育的风气，特别要加强政策宏观调控的力度，使得学校美育的正常实施得到有力的政策保证。目前人们对于社会主义市场经济条件下文化的性质、功能和意义的认识尚不明确、尚不一致，我们的文化政策尚不健全，相应的文化法规尚不配套，造成了认识上和实践上的种种偏差和失误，应该对此进行深刻的反思和及时的纠正，从各个方面进行有效的综合治理，以期造成一种有利于学校美育、有利于青少年健康成长的优化的社会文化环境。

其次，学校美育的正常开展还有待于教育体制的进一步完善，我们必须贯彻党中央提出的关于"把经济建设转到依靠科技进步和提高劳动者素质的轨道上来"的基本精神，重新认识学校美育在学校教育发展中的战略地位，进一步确立培养和造就青少年新型的文化品格这一战略目标，在美育中体现深切的人文关怀和有力的人文导向，把美育的重点转到提高青少年的价值观念、人格境界、文化素养和精神旨趣的总体水准上来。同时也必须将美育的战略地位和战略目标明确列入我们的教育方针，使之取得立法的形式，并在教育思想和教育实践上得到有力的贯彻和具体的实施。

再次，学校美育必须依靠教师去实施和完成，调动广大教师的积极性，也是保证学校美育正常开展的重要条件，而调动教师的积极性，一方面要采取增加教育投入、提高教师的生活待遇、稳定教师队伍等

积极措施，另一方面教师队伍本身也面临着提高自身素质的问题，包括思想品德素质和文化业务素质，特别是教师自身必须具备一种新型的文化品格，在价值观念、人格境界、文化修养、精神旨趣等方面达到较高水准，在实施美育的过程中起到为人师表的作用。

第四，在学校的课程设置中，应保证并适当增加美育的比重，应在其他课程中渗透美育的内容，还应在课外活动中广泛开展美育。同时要改革和更新美育的内容和形式，强化其现实感和实践性，使之与世界范围内科技发展和经济增长的进程，与社会主义"四化"建设的成就相一致，让学生进一步了解历史、展望未来、接触社会、体验人生，以利于塑造一种新型的文化品格。

最后，要重视教材建设，各个地区可以根据自己的具体情况组织力量编写适用的美育教材。在条件成熟的时候，可以由国家教委牵头，组织美学界的专家学者、长期在教学第一线从事美育的教师、以及分管相关工作的教育行政部门的领导，通力合作编写全国通用的美育教材，使得学校美育的实施具有相对一致、相对稳定的依据和规范。

10. 美育管理的实施

仅仅提高对美育的认识还无法提高管理水平，还需要明确实施美育的正确途径和方法，才能切实提高美育管理水平。

要抓好美术课和音乐课

美术和音乐是美育的重点学科。美术是通过构图、造型、设色来创造形象，给人以美的感受。音乐是通过音响、节奏和旋律来塑造形象，唤起人们的感觉，引起人们情感上的共鸣。这两门学科是对学生进行美育的重要途径。它们可以唤起学生对美的感受，培养学生对美好事物的兴趣，提高学生对现实生活美和艺术美的理解，使学生从中得到美的享受。

在进行美术和音乐教学时，要克服单纯传授知识和死板的技术训练的倾向。在教学中要适当进行美育知识的教育，加强欣赏课的指导，使学生了解美之所在，让学生从色、形、声中受到美的教育，吸取美的营养。

重视各科教学中的美育因素

学校教育中的各个学科、各个环节，乃至学校教育的全过程都蕴含着丰富的美育因素。拿语文来说，它用不同的体裁、生动形象的语言，描绘了大自然和现实生活中的美好事物、鞭挞与揭露了各种丑恶的思想和行为。学生在学习语文课的过程中，不仅感受到语言文字的美，而且还感受到大自然的美、各种形象的美和心灵美。小学思想品德课里的助人为乐、礼貌待人、爱护公共财物等，都是在塑造人的美好心灵；体育课里的动作美、造型美、体型美等，都是审美教育的重要内容。中学的历史地理以及数理化生诸课，只要从美育的角度去挖掘就不难发现美育因素。当然，通过各科教学进行美育，应该是十分自然的，而不是牵强附会的。

开展课外艺术活动

开展课外艺术活动，是学校进行美育工作的一项重要手段。美育主要是通过艺术形象，借助大自然和社会生活中一切美好事物去发现美，从而使学生感受美。它的特点在于寓理于情，以情动人，在娱乐中接受教育，在愉快中受到熏陶。因此，要有计划地开展各种课外艺术活动，如朗诵会、故事会、夏令营、冬令营活动和远足活动以及组织绘画小组、刺绣小组、歌咏队等。这些活动既能培养学生对艺术的爱好和兴趣，又可锻炼学生的审美能力和健康的审美情趣。学生参加校外活动，广泛接触大自然的景物，在广阔的天地里感受周围的美，既可培养与锻炼学生对美的感受力，又可培养学生爱祖国、爱家乡的

思想感情。

在中学，课外艺术活动要逐步提高层次，如参加少年宫、文化馆活动，到举行电影电视讨论会、组织小型演出、自办小型画展、参加环保公益活动等。

持之以恒地开展"五讲四美"活动

"五讲"为讲文明、讲礼貌、讲卫生、讲秩序、讲道德；"四美"为心灵美、语言美、行为美、环境美。"五讲四美"是我国对全体公民进行精神文明建设最起码的要求，也是人们高尚情操的具体体现。学校是精神文明建设的重要阵地，引导学生做到"五讲四美"，是提高学生素质的基础性工作，也是提高美育效果的重要措施和途径。因此，学校要持之以恒地开展"五讲四美"活动。

发挥环境的美感效应

学生每天大部分时间生活在学校里，他们双目所视，双耳所闻，无不作用于他们的精神世界。一个整齐、清洁、和谐、色彩配合得当，达到美化、绿化、净化标准的校园，就是给学生以艺术上的享受，就是让学生在充满美感的环境中，塑造美的心灵。

做美的创造者和建设者，提高审美能力

学生不仅是美的享受者，也是美的创造者和建设者。他们只有通过实践活动，才能逐步提高审美能力，例如一年一度的植树活动，学生既为绿化、美化校园环境作了贡献，又在实践活动中受到了教育，培养和锻炼了建设美、创造美的能力。

11. 美育对德育的反馈作用

目前，我国根据国际形势和国内状况对德育工作越来越重视，尤其是对未成年人思想道德教育建设进行专题研究。未成年人思想道德

建设好坏关系到能否培养国家所需要的德才兼备的合格人才，关系到是否后继有人，关系到党和国家的兴衰和命运。但目标再伟大，其实现目标的途径和方法不恰当，那就很难实现其目标。而且要尽快实现目标，就得研究最有效、最可行性的途径和方法。途径和方法随着不同的地区、不同的学校、不同的年龄段，不同的学生、不同的性别、不同的环境有所不同，它既有普遍性，又有特殊性。在"'未成年人思想道德'课程专题五"共讲述了五种重要的思想道德教育的方法，分别是："一、叙事析理，二、实践体验，三、疏通引导，四、修养指导，五、管理、教育、激励相结合。"本文从另一个角度去谈谈德育的途径和方法即美育对德育的反馈作用。

美育在某些条件下起到诱导德育的作用

品德是道德品质的简称，指个人的道德面貌，也称为德性、品行品格。品德是社会道德现象在个人身上反映，是一定的社会或阶级的道德准则转化成个人的道德信念和道德在言行中表现出来的心理特征。德育就是培养学生的共产主义道德品质、无产阶级的政治态度和辩证唯物主义世界观的教育。

美是人们创造生活，改造世界的能动及其在现实中的实现。美的形态有社会美、自然美、艺术美等等。美育也称审美教育，美育是指通过现实生活及其在艺术上的美，培养学生具有感受美，鉴赏美、体现美和创造美的教育。

德育的最终目的就是培养成千上万的合格接班人，实现社会美、自然美、艺术美等等。所以德育的最终目的和美的内容是一致的，美的内容是通过美育来实现的，由此看来从属性上德育和美育有着不可分割的内在联系，即它俩是相互渗透，相辅相成的，缺一不可。德育导向美育，美育反馈于德育。美育能陶冶人的思想情操，美育通过鲜明的形象性和情感性，潜移默化地影响和感染人，使人们在享受美的

过程当中受到教育（政治、思想、道德、心理品质、情感等教育）

譬如，当我们看到改革开放以来祖国面貌日新月异，人民生活在蒸蒸日上即看到社会美时，就感想到社会主义制度的优越性和党的领导的正确性（受到政治思想等教育）；当我们欣赏雄伟的南京长江大桥和蜿蜒的万里长城以及人民所建设的美丽公园时，即看到人工自然美时，就不由地赞叹到中华民族是勤劳、勇敢、智慧的民族（受到思想情感等教育）；当我们观看思想健康、艺术性强的电影、电视、图片时即看到艺术美时，就自然而然地受到道德、心理品质等教育。从中引导学生爱人民、爱祖国、爱科学、爱劳动、爱环境、爱自然，而达到德育目的。

美育能够恰如其分的促进德育顺利进行

"艺术是对现实的反映，是审美意识的表现，并且是集中化了的物质化了的表现。"可见美育的主要表现形态是艺术。美有社会功利价值和社会欣赏价值，所以艺术必须同时表现美的两种价值，即内容和形式（形态）要统一。而美的社会功利价值就是德育的内容。美育的内容和德育的内容是一致的，只不过表现形式不同罢了。即艺术靠形象思维；德育靠逻辑思维。而对小学生来说，形象思维比逻辑思维强。也就是说形象思维比逻辑思维效果更佳。我们在美术课教育教学中讲究艺术性，一是为了形象思维，二是为了增强美感。美感是社会意识的一种，它是社会存在的反映，并通过积极地影响人的精神世界反作用于人们改造客观世界活动。可见美育通过艺术形态表现出对德育内容加以认识的作用，从而促进德育。

例如，我们对学生进行同一个内容的纪律教育时，有的教育者经常组织学生学习《小学生日常行为规范》，还给学生讲违纪的危害性和其他一大堆道理，三番五次地要求学生一定要遵守纪律。可是效果仍然不佳。与此相反，有的教者并不是苦口婆心地要求学生遵守纪律，而是进行形象教育。比如，组织学生观看影片《邱少云》，学生当看到邱少云同志虽然全身着火，但仍然咬着牙，忍着刀割般的痛苦守纪律的场面时，会掉眼泪的，这是为什么呢？这恰恰是艺术的力量及美育的力量催促学生受感染和感动。

百闻不如一见，可视性的美育比"喊口号"式的教育效果更佳。所以，我们在德育中切实结合美育，想方设法加强艺术性，那么一定会事半功倍的。

美育能够潜移默化地巩固和深化德育成果

德育中取得成绩固然重要，但巩固和深化其成绩更为重要。

现在青少年犯罪率偏高，而且其中有的是在学校当过"三好学生"有的当过优秀干部。这是我们值得思考的问题。其原因之一是学校德育没有真正地同美育相结合的后果。学生缺乏审美观念，一进社会，遇到错综复杂的事物和现象，辨不出什么是真善美，什么是假恶丑，盲目追求"美"。爱美是人的本能，无政治思想性的，但追求什么样的美是有政治思想性的。使学生树立正确的审美观念，这既是德育的内容，又是美育的内容。但美育能够巩固和深化德育。

因此，我们在德育中必须从美的观点来培养学生自我控制、自我完善、自我体现美的能力。以此巩固和深化德育成果。

上述是美育对德育的反馈作用，那么如何搞好美育呢？

（1）学校领导端正办学指导思想，对美育加以重视。古人云："其身正，不令而行，其身不正，虽令不从"所以学校领导认识美育的重要性是认真进行美育的保障，学校领导不要把美育当成文章中不可缺少的名词来看待，而要把它当成五育中不可忽视的地位来对待。

（2）作为教育实践者在审美观点上应该除旧更新，适应于形势的发展。审美意识随着时代的发展而发展。所以，教育实践者以新的审美观点来要求学生，切忌以陈旧的观点来要求学生，以免学生感到别

扭。有些教育者违背美德的发展观点规律，总是以 *20* 世纪 *80 ~ 90* 年代美的观点来要求 *2000* 年代学生。所以新老一代之间在美的问题上出现不该发生的分歧。

（3） 教育实践者努力学习掌握一定的美学理论。意大利有个教育家曾经说："自己没有东西，就不能给别人。"当前由于教育者缺乏美学理论，美育中存在如下问题：

①对美育的认识肤浅得很。有的人以为美育就是上美育课。

②没有美的标准进行美育，即无的放矢。

③缺乏理论分析，如：评价一幅或某事物和现象是否美时，不是运用美学知识来分析判断，而是凭主观感觉来判断。

（4） 教育实践者以身作则体现美、创造美。学生善于模仿，可塑性强，他们的心灵就如一张白纸，"染于苍则苍，染于黄则黄"。可是有些教者或做事以及摆环境设施较粗糙，缺乏美的观念。我们务必千方百计创设美的环境，熏陶学生，以来培养学生鉴赏美、体现美、创造美的能力。

一言以蔽之，我们坚持科学发展观，正确理解德育与美育的辩证统一的关系，认真总结前一段美育情况，吸取教训，扬长避短，透彻地领会美育的作用，采取得力措施，不仅寓德育于其他各育之中，而且寓美育于其他各育之中，以推动德、智、体、美、劳和谐发展，从而达到培养四有人才的目的。

12. 美育的管理措施

学校管理者在加深了对美育的认识，又知晓了美育的途径和方法的情况下，对美育的管理就可以顺理成章地进行下去了。下面着重介绍一下美育管理的措施。

加强对美育的领导

（1）小学、初中必须把音乐、美术课作为必修课开齐开好。不要随意削减课时，不要把音乐、美术课时移作他用。普通高中及非艺术类、师范类的职业高中，要开设有关艺术门类的讲座或选修课；重点高中，可开必选课；幼儿园不开设专门的艺术课，但教学内容应包括形式多样的艺术活动。

（2）中小学要根据国家教委颁发的音乐、美术教学大纲组织教学。教材以选用全国中小学教材审定委员会通过的教材为主，还可结合本地实际，补充一定数量的具有地方特色的教学内容。

（3）学校管理者要重视艺术课的课堂教学改革。要按照艺术课教学的基本标准和艺术学科优质课标准，组织好课堂教学，提高课堂教学质量。同时，要从实际出发，努力创造条件，组织各种艺术小组，发展学生的艺术兴趣和特长。要深入艺术学科的教研组，和教师一起研究教学中的问题。要听课，看课外活动，帮助教师总结实施美育的经验。

（4）加强艺术课程的师资力量。要在近年内做到：重点中学的初中部、实验初中、实验小学、乡中心小学以及城市其他初中、小学要配齐专任教师；单设高中以及农村其他初中、小学要有兼职教师，有条件的要配备专任教师。

要稳定现有艺术教师队伍，充分调动他们的积极性。对他们的福利待遇、评优选模、提职晋级等方面要和其他学科教师一视同仁，并努力创造条件，为他们的进修观摩、科研和创作提供必要的条件。对于那些为艺术教育事业尽职尽责的积极分子，应给予表彰和奖励。

（5）改善艺术教学条件。按照国家教委《全日制初中、小学音乐美术教学器材配备录》的要求，向上级争取逐步完成配备的任务。配备的标准是：重点中学、实验初中、实验小学及大中城市市区学校，按第一类标准配齐设备；县市中小学和乡镇中心小学按第二类标准配

齐设备；村组小学按第三类标准配齐设备。

重视美育的常规训练

美育是一项实践性很强的"系统工程"，学校要使学生对美的认识、感受外在地表现出来，就要加强对学生的常规训练。例如心灵美的礼貌用语"您好、谢谢、对不起、再见"，对少年儿童要反复训练，使之成为习惯用语。小学应要求学生在一日生活中随机运用，使校园内处处都是文明之声。

首先，必须保证学生有充分的时间看、听、唱、拉、弹、写、画。俗话说："拳不离手，曲不离口。"受教育者要提高审美感受和审美能力，就是要亲眼看、亲耳听、亲口唱、亲手拉，亲自动手弹、写、画。应要求每个中小学生会唱一定数量的歌曲，能掌握一门以上的乐器。学生有了亲身感受和体验，才能增强美育的效果。

其次，要对学生的衣着、外表有个美的要求。所谓美的要求，即要求学生衣着、外表整齐、清洁、朴素、大方，并非要求衣着华丽。要让学生知道，披着衣衫、不结纽扣、穿着拖鞋、吹着口哨在校园内行走或在教室里听课是很丑的表现，说话没礼貌，出口伤人，更是与中国青少年的形象不相称的，是学生日常行为规范所不允许的。

第三，要对学生的卫生习惯有个美的要求。蓬头垢面、理发不勤、指甲不剪、随地吐痰、乱扔果皮纸屑，是很丑的表现，也是学生日常行为规范所不允许的。

第四，要对学生课本作业有个美的要求。要爱护课本，不在书上乱涂乱画；作业书写要整齐美观，不合要求者要重做。学生的书面作业，一开始就要严格要求，直到养成良好习惯为止。

第五，要对学生周围的环境有个美的要求。全班学生要保持教室内的整洁，每个学生的座位周围，要保持洁净。要让学生懂得，整洁和美观是分不开的。在家里，要学会布置环境、美化环境。这是人和

195

动物的重要区别之一。

展示美育成果，扩大美育影响

美育的成果是要有所体现的，这种体现常常通过艺术活动来显现。如文艺汇演、美术展览、书法比赛等。学校管理者要有意识地组织这类活动，用生动活泼的形式向学生进行审美教育。学生亲眼看到自己的创作成果，有着极大的激励作用，对没有创作成果的学生也很有鼓舞作用。这样，既扩大了美育的影响，又丰富了学生的精神生活，陶冶了学生的情操。

在各种审美活动中，将会出现许多"小能人"、"小人才"。对这些冒尖学生，要因材施教，重点培养，进一步发展他们的兴趣、爱好和特长，以便为国家输送专业人才。同时，要在学生中表扬他们的成就，以激发更多的人加入此队伍中来。

提高教师的审美素养

教师对美的感受、鉴赏、创造能力的高低，对学生的审美水平有着直接的影响，因此，十分有必要提高教师的审美素养。

（1）要提高全体教师对美育的认识。认清美育在学校中的地位、任务和作用，明确美育的途径和方法。要纠正长期形成的音、体、美是"小三门"、"副科"等错误观念，自觉地完成学校的美育任务。

（2）要让全体教职工熟悉中小学《学生守则》、中小学生《日常行为规范》的内容，知道国家对学生在道德、行为方面的具体要求，并以身作则。凡要求学生做到的，自己率先做到，用模范行动来影响和带动全体学生。

（3）在教学过程中充分挖掘、利用美育因素体现美的艺术。在教态方面，教师要特别注意表情和动作。表情要既严肃、大方，又亲切、慈祥；动作文雅、文明，不落俗套。在语言方面，要注意科学性和艺术性，做到语言精炼，生动形象，逻辑严密，简洁明快。学生听这样的课，是一种美的享受，自然而然地接受了美的教育。在教学方法方面，要精心设计，灵活多样。讲课深入浅出，妙趣横生，符合青少年的心理特征，就能使学生在愉快中学到新的知识。对学生的练习作业，应有美的质量要求。不仅作业的内容要正确无误，而且要做到文字优美，书写整洁。

发挥家庭美育的作用

家庭美育主要是指家长对学生的美育。家长是学生的第一任教师，对学生的身心发展有着巨大影响。因此，在加强学校美育的同时，要注重发挥家长的作用。学校管理者可通过家长学校或家长会议，向家长宣传美育的意义和任务，介绍家庭美育的知识，以取得家长的支持和配合。例如家庭环境的美化，就对孩子有良好的影响。当然，所谓美化家庭环境，不是讲排场、摆阔气、多花钱，而是做到窗明几净，地面干净，色彩协调，摆设错落有致。家长应有意识地让孩子和自己一道来美化家庭环境，同时交给孩子一些力所能及的任务让他们去完成。这样做，既能使孩子形成健康的审美情趣，又能培养孩子的劳动习惯。家长要努力做到行为美，讲道德、守纪律、谦虚诚实，忠于职守。这样，学生潜移默化地受到影响，从而也会培养起这些美德来。家长要适时向孩子提出文明行为的要求，如怎样接待客人，怎样和邻居和睦相处。家长要努力使自己的家庭成为一个互相关心、尊老爱幼、文明礼貌、和睦相处、团结和谐的家庭，这样都是对学生的美德教育，这些道理，不一定每个家长都懂，学校有责任向他们宣传。只有家庭和学校紧密配合起来，美育任务才能很好地完成。

有计划、有检查、有总结

美育工作的管理，最重要的措施是有计划、有检查、有总结。没有这一条，其他措施都落不到实处。有计划是指学校工作计划中对美育要列专项，例如：全学期有哪些要求，要采取哪些具体措施，有哪

些重大的美育实践活动，由哪些人分工负责等，在工作计划中都要有明确规定。不仅如此，在实施时还要定人、定时间、定地点、定内容、定方法、定质量标准，使审美实践活动真正落实。有检查是指平时检查和期中教学质量检查时，美育应列为重要的检查内容之一。检查应与计划相对应，逐一检查计划的内容。计划是正确的还是有缺点错误的，有赖于检查。通过检查，进而修改计划，使计划更切合实际。有总结是指学校工作总结应包括美育在内。总结是为了提高，既要肯定成绩和经验，也要指出缺点和教训；既要立足于现实，又要着眼于未来。总结过去，是为了策励将来。因此，总结和评比、表扬先进、奖励优秀要结合起来，使美育实践活动更上一个新台阶。

13. 美育实施制度

（1）首先要抓好美术课和音乐课，美术和音乐是美育的重点学科，是对学生进行美育的重要途径。

（2）重视各科教学中的美育因素。学校课程计划中的各门学科，都含有美育因素，特别是占课时最多的语文学科，美育因素极其丰富。

（3）开展课外艺术活动，是实施美育的重要途径之一。

（4）深入持久地开展"五讲四美"活动，是塑造人、提高人的素质的基础工作，也是提高美育效果的重要措施和途径。

（5）发挥环境美的感染和教育作用。一个整齐、清洁、和谐、色彩配合得当，达到美化、绿化、净化标准的校园，就是给学生以艺术上的享受，就是让学生在充满美感的环境中，塑造美的心灵。

（6）在创造美和建设美的活动中，提高学生的审美能力。学生不仅是美的享受者，也是美的创造者和建设者，他们只有通过实践活动，才能逐步提高审美能力。